**결혼한다**는 것과
**산다**는 것

35주년 두란노는 언제나 하나님을 향합니다.

# 결혼한다는 것과 산다는 것

지은이 | 김상복
초판 발행 | 2015. 3. 25.
3쇄 발행 | 2015. 4. 29.
등록번호 | 제1988-000080호
등록된 곳 | 서울특별시 용산구 서빙고로 65길 38
발행처 | 사단법인 두란노서원
영업부 | 2078-3352    FAX | 080-749-3705
출판부 | 2078-3331

책 값은 뒤표지에 있습니다.
ISBN 978-89-531-2173-7  03230    Printed in Korea

독자의 의견을 기다립니다.
tpress@duranno.com    www.duranno.com

두란노서원은 바울 사도가 3차 전도여행 때 에베소에서 성령 받은 제자들을 따로 세워 하나님의 말씀으로 양육하던 장소입니다. 사도행전 19장 8-20절의 정신에 따라 첫째 목회자를 돕는 사역과 평신도를 훈련시키는 사역, 둘째 세계선교(TIM)와 문서선교 (단행본·잡지) 사역, 셋째 예수문화 및 경배와 찬양 사역, 그리고 가정·상담 사역 등을 감당하고 있습니다. 1980년 12월 22일에 창립된 두란노서원은 주님 오실 때까지 이 사역들을 계속할 것입니다.

# 결혼한다는 것과
### marriage and
### life
## 산다는 것

김상복 지음

35th DURANNO 1980-2015 두란노

사람은 누구나 사랑할 사람을 만나기 원하고, 그 사람과 결혼해서 행복한 가정을 이루기 원합니다. 결국 누군가를 만나 결혼합니다. 환희의 계절이 시작됩니다. 그런데 환희는 어느새 실망과 갈등으로 변하고, 실망은 절망으로 치닫습니다. 기대했던 행복한 가정생활은 어디 가고, 어디를 가나 수많은 파탄 난 가정과 불행한 가정만이 보입니다. 결혼하기 전까지는 좋았는데, 결혼하고 나서부터 이상하게도 많은 가정이 불행을 경험합니다. 어떻게 보면 결혼하지 않아서 불행한 사람보다 결혼하고 불행한 사람이 더 많은 것 같습니다. 그래서 "결혼은 새장 같아서 밖에 있는 새는 들어가고 싶어 하고, 안에 있는 새는 밖으로 나가고 싶어 한다"는 말로 결혼을 표현하기도 합니다. 이런 현상은 시간과 함께 점점 늘어만 갑니다.

많은 사람들이 결혼하면 행복하리라 생각합니다. 그런데 결혼 자체는 행복도, 불행도 보장하지 않습니다. 부부가 어떻게 함께 서로를 위해 성장하는가에 결혼 생활의 성패가 달려 있습니다.

결혼은 인생에서 가장 중요한 일입니다. 그러나 우리는 결혼하기 전에 결혼에 대한 사전 준비가 전혀 없습니다. 그저 나이가 들면 결혼합니다. 초등학교부터 대학교를 졸업할 때까지 16년 동안 일주일 내내 공부합니다. 하늘 아래 있는 것은 다 배웁니다. 국어, 수학, 지리, 역사, 물리, 영어 할 것 없이 죽도록 공부합니다. 그러나 그 많은 공부 가운데 인생에서 가장 중요한 결혼 생활에 대한 공부나 훈련은 없습니다. 수학을 잘했기 때문에 결혼 생활에 성공합니까? 영어를 잘하기 때문에 부부 관계가 원만해집니까? 현실적으로 도움이 되는 공부는 해 본 적이 없습니다. 결혼 생활처럼 중요한 일을 아무 준비 없이 시작합니다. 결국 결혼 생활을 하며 수많은 비극을 경험합니다. 그러나 결혼은 비극을 위해 만들어진 것이 아닙니다. 행복을 위해 세워진 제도입니다.

　결혼은 하나님이 친히 만드신 첫 번째 제도입니다. 교회 이전에 가정이 있었고, 정부가 있기 전에 가정이 먼저 있었습니다. 가정은 교회와 사회의 기본단위입니다. 부부가 행복한 결혼 생활을 원한다면 하나님의 계획을 정확히 알고, 결혼의 본래 목적을 따라 자신을 훈련해야 합니다. 만일 본래의 계획을 떠나 부부가 각자 자기 마음대로 살고자 한다면 불행은 확실히 보장될 것입니다.

　저는 이 책에서 하나님이 말씀하시는 결혼에 대한 가르침을 종합해 보려고 노력했습니다. 결혼을 앞둔 이들이 최소한 이 내용을 한 번이라도 살펴보고 결혼에 대한 하나님의 계획하심을 발견한다면, 그리고 여기 있는 내용을 부부 관계의 지침서로 쓴다면 불필요한 아픔을 거치지 않아도 될 것입니다. 미리 이 책을 읽고 따라간다면 결혼한 부부의 즐거운 성장을 반드시 체험하게 될 것입니다. 오늘도 결혼 생활의 아픔을 경험하고 있는 부부들에게도 이 책을 권합니다. 이 책을 통해 결혼의 본래 의미와 부부의 역할을 재조명하여 지금부터라도 행복한 가정생활을 만들어 가길 바랍니다.

이 책의 내용은 저에게 결혼식 주례를 해 달라고 부탁하는 젊은이들이 의무적으로 읽고 와서 저와 함께 결혼에 대한 대화를 나누는 데 사용했던 자료를 정리한 것입니다. 한 번 읽고 덮어 놓지 말고, 결혼 기념 즈음해서 한 번씩 다시 읽어 보거나 종종 꺼내서 참고하면 행복한 결혼 생활을 하는 데 큰 도움이 될 것입니다.

가정의 행복을 위해

김상복

# c o n t e n t s

결혼은 하나님이 시작하신 제도입니다.
어쩌다 만난 사람과 같이 사는 것이 아닙니다.
결혼에는 영적인 목적이 있습니다.

# 사랑한다는 것과
# 살아간다는 것은
# 다릅니다

# 행복한 가정의 비결,
# 말씀대로 살기

⋮            행복한 가정을 원하는 데 반론을 제기할 사람
은 없을 것입니다. 저는 결혼하기 전에 "다른 사람은 몰라도 나
는 결혼하면 세상에서 제일 행복하게 살 거다"라고 기대했습니
다. 불행하게 사는 부부들을 도저히 이해하지 못한, 장밋빛 결
혼관을 가진 청년이었습니다. 지금은 중년을 지나 50년간 결혼
생활을 한 부부가 되었지만 말입니다.

우리는 누구나 아름다운 가정을 원합니다. 저의 경우에는
열두 살에 고향인 평양과 부모와 동생들을 떠나 홀로 떠돌이 생

활을 하며 가정 없이 살아왔기 때문에 누구보다 가정의 행복을 중요시했습니다. 지금도 행복한 가정이 제겐 가장 소중합니다.

행복한 가정생활을 하고 있는 사람들을 보면 참 아름답습니다. 부부가 서로 정답게 대하는 모습, 엄마가 아기를 안고 들여다보고 있는 모습은 저를 감격하게 합니다. 형제끼리 우애가 좋은 사람들을 보면 흐뭇합니다. 주일에 젊은 아빠가 아기를 안고 예배드리는 모습은 무척 감동적입니다. "우리 교회의 젊은 아빠들이 다 저러면 얼마나 좋을까" 하는 바람이 생깁니다.

전에 미국의 한 교회로 청빙받았을 때, 저는 그 교회에 부임할 것을 대비하여 하나님 앞에서 나름대로 목회 계획서를 써 봤습니다. "하나님, 어떤 교회상을 목표로 해야겠습니까?" 하고 기도하며 몇 가지 목회 방향을 적었는데, 그 중에는 '가족 중심적인 교회'가 있었습니다. 저의 목회 목표 가운데 하나는, 우리 교회에 출석하는 모든 가정이 하나님이 뜻하시고 계획하신 행복한 가정이 되는 것입니다. 그것이 저의 큰 소망입니다.

예수 믿고 말씀대로 훈련받으면 좋은 가정을 이룰 수밖에 없습니다. 가정에 문제가 있는 것은 대개 성경대로 살지 않았기 때문입니다. 남편과 아내도, 자녀도 성경대로 안 살면 성경이 제시하는 성숙한 삶을 살 수 없습니다. 비성경적으로 살면 가정생활부터 재미가 없어집니다.

하나님이 우리를 창조하셨고, 우리는 하나님의 걸작품이기 때문에 하나님이 우리에 대해 제일 잘 아십니다. 우리가 어떻게 살아야 하는지, 어떻게 생각해야 하는지, 어떻게 행동해야 하는지 정확히 아십니다. 하나님은 삶의 모든 지침을 성경에 잘 써 놓으셨습니다. 가정생활에 대해서도 성경에 잘 기록되어 있습니다. 그래서 성경에 있는 가정생활의 기본 원리를 철저하게 따르면, 틀림없이 행복한 가정생활을 누릴 수 있습니다.

오늘날 가정생활에 대한 연구가 활발합니다. 가정마다 문제가 많고, 심각한 가정 붕괴가 일어나고 있기 때문입니다. 한국은 이혼율이 세계에서 가장 높습니다. 미국에도 가정에 대해 연구하는 전문가들이 참 많습니다. 현대 가정에는 문제가 산적해 있습니다. 옛 세대의 가정과 지금 우리의 가정은 문화적, 사회적 상황이 너무나 다릅니다. 이럴 때일수록 하나님이 말씀하신 가정의 기본 원리를 따르고, 삶에 적용해야 합니다. 그래야 우리의 삶이 안정됩니다.

하나님의 말씀대로 살면 행복하고, 하나님의 말씀대로 살지 않으면 행복할 수 없습니다. 우리를 지으신 창조주의 계획을 잘 알고 따라야 합니다. 하나님의 계획에 비춰 볼 때 내 삶의 어느 부분이 맞고, 어느 부분이 안 맞는지 늘 점검해야 합니다. 맞는 데는 보강하고 안 맞는 데는 교정하여 하나님의 계획에 맞도록 가정생활과 나의 모습을 변화시킬 때 반드시 복된 가정을 이룰 것입니다.

# 하나님이 세우신
# 사회적 단위

：　　　　　　　　가정이 우리 삶에서 얼마나 중요한 위치를 차지하는가를 알아보기 위해 먼저 하나님이 세우신 3가지 사회적 단위인 정부, 교회, 가정에 대해서 살펴보겠습니다.

## 정부

먼저 정부의 목적은 무엇일까요? 정부는 법질서를 유지하여 시민 생활의 안전과 즐거움을 극대화할 책임이 있습니다. 좋은 법을 제정하여 국민이 윤리적이고 성취감 있는 삶을 살게 하고, 법을 거역하는 자들을 제재해서 국민 생활의 안전을 도모해야 합니다. 그리고 가장 중요한 일은, 최상의 법을 만들어서 온 국민이 최선의 삶을 살 수 있도록 하는 것입니다. 다른 사람을 해치는 사람이 있으면, 제재해서 100%는 아니더라도 대부분의 사람들이 원만한 사회적 분위기에서 살 수 있도록 하는 것이 정부의 책임입니다.

그렇다면 정부의 권한(롬 13:1~7)은 무엇일까요? 정부는 하나님이 세우신 기관입니다(1~2, 4, 6). 그래서 국민은 정부의 권위에 복종해야 합니다(1, 3, 5~7). 복종하는 것은 양심의 문제이기 때문에 그렇게 하는 것이 옳은 일이요(1, 5, 7), 또 분별력의 문제이기 때문에 그렇게 하는 것이 안전합니다(2~3).

좋은 정부가 세워지려면 국민이 똑똑해야 합니다. 우리의 생각을 대변할 수 있는 사람을 제대로 뽑아서 국회로 보내야 합니다. 언론의 자유를 누리는 것도 정부에 순종하는 것 가운데 하나입니다. 정부는 '언론의 자유'라는 법에 따라 우리에게 하고 싶은 이야기를 하라고 요구합니다.

우리에게는 결사(結社)의 자유가 있습니다. 우리는 모여서 하고 싶은 이야기를 정당하게 할 수 있습니다. 예수 믿는 사람도 시위라는 방법으로 의사를 표현할 수 있습니다. 우리나라의 법이 그것을 보장합니다. 그러나 화염병을 던지라는 법은 없습니다. 국민의 재산을 빼앗거나 사람을 해치라는 법은 없습니다. 그러나 하고 싶은 이야기와 표현을 하는 자유는 국가의 법에 보장되어 있습니다. 그래서 믿는 사람으로서 단체로 의사를 표현해도, 법 안에서 하는 것이라면 잘못된 것이 결코 아닙니다.

법이 잘못됐으면 국민이 국회의원을 통해 법을 바꾸는 데 적극적으로 참여해야 합니다. 민원실을 국회에 두는 것도 좋지만, 사실 지역 국회의원 사무실이 민원실이 되어야 합니다. 하고 싶은 이야기를 내가 뽑은 우리 지역의 국회의원에게 할 수 있어야 합니다. 그러면 그가 국회에 가서 "우리 지역 사람들이 이런 것을 원한다. 이렇게 법을 만들자"고 의견을 내놓을 수 있습니다.

그동안 우리는 민주주의 국가라고 말만 했지, 진짜 민주주의 정치는 못했습니다. 나서서 바른말 하면 당장 잡혀가고 불이익을 당하니까 그저 아무 소리 안 하고 가만있는 것이 상책이라고 생각했습니다. 그러나 앞으로는 국민이 하고 싶은 이야기는 무엇이든지(단, 다른 사람에게 해를 끼치는 것을 제외하고) 당당하게 말할 수 있는 나라가 되어야 합니다.

국민이 국회의원을 가만 내버려 둬서는 안 됩니다. 투표만 해 놓고 뒷짐 지고 있을 것이 아니라, 정부에서 잘하면 칭찬해 주고 잘못하면 당장 국회의원에게 전화 걸어서 정부에서 이렇게 하는 것은 좋지 않다고 말해야 합니다. 국회의원은 그 길로 국회에 가서 국민의 의견을 대변함으로써 국민이 원하는 것을 즉시 반영되도록 힘써야 합니다. 그게 참된 민주주의입니다. 투표만 해 놓고 "싸우든지 말든지 마음대로 해라. 4년 후에 보자"는 식으로 하면 정부가 올바로 움직일 수 없습니다. 국민은 청와대와 국회에 좋은 것도 전화하고 나쁜 것도 전화해서 국민이 무엇을 원하는지를 알려야 합니다. 정부의 목적은 선합니다. 선하게 사는 시민을 보호하고 도우며, 악한 자들을 제재하고 처벌하는 것입니다(롬 13:3~6).

그렇다면 정부에 대한 그리스도인의 태도(롬 13:7)는 어떠해야 할까요? 정부를 지지하기 위해서는 정당한 세금을 내고 국민의 의무를 다해야 합니다. 기본적으로 공무원들을 존경해야 합니다. 공무원들도 자신이 그저 직장인이 아니라 국민을 섬기는 사람이라는 철저한 공복의식(公僕意識)을 가져야 합니다. 공무원은 공무원대로 국민의 민원 사항에 대해 신속하게 섬기려는 자세를 갖춰야 합니다. 믿는 사람들은 공무원을 하나님이 세워 주신 사람들로 인정하고 존경해야 합니다. 그리고 그들을 위해 기도하며, 그들을 위하는 마음을 가져야 합니다.

## 교회

지역 교회는 교인들에게 예배와 친교와 봉사와 성장의 자리를 제공합니다. 봉사에는 구제와 전도와 선교도 포함됩니다. 교회는 하나님이 예수 그리스도를 통해 세우셨고(마 16:13~20), 나라와 민족, 혈통, 성(性), 문화, 생활수준을 초월해서 존재합니다(갈 3:26~28; 고전 12:13; 계 5:9). 교회는 하나님을 위해 부름 받은 사람들로 구성됩니다. 어떤 단체와도 다른 새로운 공동체, 즉 하나님께 속한 공동체입니다(빌 3:20).

교회의 이미지는 남편과 아내의 관계에 비유됩니다(엡 5:22~23). 그래서 교회와 그리스도를 통해 남편과 아내의 이미지를 찾고, 거기에서 가정생활의 기초를 찾아야 하는 것입니다.

## 가정

가정은 사회의 가장 기본적인 단위입니다. 사회는 사회를 구성하고 있는 가정보다 더 강할 수 없습니다. 가정이 가는 데로 국가가 가는 것입니다.

사정(司正) 바람으로 몰락(?)한 사람들에 대해 한동안 말이 많았는데, 이는 다른 사람이 아닌 바로 우리의 얘기입니다. 그 사람들은 규모가 큰 잘못을 저질렀을 뿐, 우리도 그들과 다를 바가 없습니다. 국가가 제대로 되려면 내 가정부터 제대로 되어야 합니다. 사정 바람에 물러난 사람들을 보면, 아내들끼리 "우리 남편 진급하게 해 달라"고 뇌물을 주고받는 일들이 상당수 있었다고 합니다. 결국 가정의 문제였습니다.

모든 문제는 가정에 있습니다. 가정에 문제가 있으니까 결국 국가가 엉망이 되는 것입니다. 가정이 강한 만큼 국가도 강할 수 있고, 가정이 윤리적인 만큼 국가도 윤리적일 수 있습니다. 가정에서 남편과 아내의 사고방식, 자녀들의 사고방식이 잘못되어 있으면 국가도 잘될 수 없습니다. 국가는 가정보다 더 강할 수 없습니다.

이해는 하지만, 들을 때마다 마음에 꺼리는 것이 있는데 바로 '가족 이기주의'라는 표현입니다. 가족을 위하고 사랑하고, 가정을 중요시 여기고, 자녀들을 중요시 여기는 것은 절대로 악하거나 잘못된 것이 아닙니다. 그러나 '내 가족만' 챙길 때 그것은 이기주의가 됩니다. "내 자식 대학 보내겠다는데 다른 집 아이가 무슨 상관이야. 내 자식보다 성적이 좋으면 돈으로라도 집어 넣어야지." 이런 태도가 바로 가족 이기주의입니다. 사실 우리 모두가 가정 하나하나를 행복하고 탄탄하게 만들 수 있다면

이 나라는 행복한 나라가 될 것입니다. 남의 가정을 해치고 내 가정만 행복해지려니까 문제가 되는 것이지, 각 가정이 행복해서 우리나라의 모든 가정이 아주 건강한 가정이 된다면 그만큼 국가가 건강해질 것입니다. 가족 이기주의는 조심해야 합니다.

가정이 가는 대로 국가가 갑니다. 가정이 무너진 뒤 살아남은 문명은 없다는 것이 역사의 교훈입니다. 가정이 무너지면 국가도 무너집니다. 국가의 첫 번째 방어선은 가정이지 군대가 아닙니다. 강한 군대만 잔뜩 배치해 놓는다고 국가가 안전한 것은 아닙니다. 가정을 강화해서 가정생활을 원만하게 하면 국가도 튼튼해집니다.

그렇다면 하나님이 마련하신 행복한 가정의 기초는 무엇인지 창세기를 통해 살펴봅시다.

## 남자와 여자의
## 고유한 가치

⋮　　　　　행복한 가정의 기초는 결국 남자와 여자의 특유성(고유성)에 있습니다. 남자는 남자로서, 여자는 여자로서 하나님이 창조하신 목적이 다르기에, 그 목적에 따른 고유성을 이해해야 합니다.

"하나님이 이르시되 우리의 형상을 따라 우리의 모양대로 우리가 사람을 만들고 그들로 바다의 물고기와 하늘의 새와 가축과 온 땅과 땅에 기는 모든 것을 다스리게 하자 하시고 하나님이 자기 형상 곧 하나님의 형상대로 사람을 창조하시되 남자와 여자를 창조하시고 하나님이 그들에게 복을 주시며 하나님이 그들에게 이르시되 생육하고 번성하여 땅에 충만하라, 땅을 정복하라, 바다의 물고기와 하늘의 새와 땅에 움직이는 모든 생물을 다스리라 하시니라 하나님이 이르시되 내가 온 지면의 씨 맺는 모든 채소와 씨 가진 열매 맺는 모든 나무를 너희에게 주노니 너희의 먹을거리가 되리라 또 땅의 모든 짐승과 하늘의 모든 새와 생명이 있어 땅에 기는 모든 것에게는 내가 모든 푸른 풀을 먹을거리로 주노라 하시니 그대로 되니라 하나님이 지으신 그 모든 것을 보시니 보시기에 심히 좋았더라 저녁이 되고 아침이 되니 이는 여섯째 날이니라"(창 1:26~31).

하나님이 사람을 만드실 때 남자와 여자로 만드셨습니다. 그런데 가만 보면, 이 세상의 모든 것은 저마다 특수하고 독특한 목적이 있어서 만들어졌습니다. 예를 들어 종(鐘)은 치려고 만듭니다. 주전자는 물을 담아서 따르려고 만듭니다. 그런데 주전자째로 물을 마시면 컵은 있을 필요가 없게 됩니다.

하나님이 남자를 창조하시고 여자를 창조하셨을 때는 나름대로의 목적이 있었습니다. 그래서 남자에게는 남자의 가치가 있고, 여자에게는 여자의 가치가 있습니다. 만일 여자가 "나는 어쩌다 팔자가 사나워서 여자로 태어났느냐"고 하면 불행해집니다. 자신의 고유한 목적을 이해하지 못하고, 그 목적에 반대되는 생각을 하면 불행할 수밖에 없습니다. 자신이 지음 받은 목적을 모르니까 자신의 가치를 발휘하지 못하는 것입니다. 종(鐘)이 자신이 존재하는 목적을 안다면, 그 목적을 위해 사용될 때 "내가 이 목적을 위해 태어났지" 하면서 보람을 느낄 것입니다.

자신의 고유성, 특수성을 인식하는 것이 행복을 향한 출발점입니다. 이 세상에 나름대로의 고유한 목적을 지니지 않은 것은 하나도 없습니다. 하나님은 남자와 여자를 따로 만들어서 남자에게는 남자대로, 여자에게는 여자대로 고유한 삶의 목적을 주셨습니다. 여자는 어떤 역할을 해야 하고, 남자는 어떤 역할을 해야 하는지 전부 계획되어 있으므로 그 계획을 정확하게 파악하는 것이 중요합니다. 남녀는 각각의 고유성을 갖고 있기 때문입니다.

# 결혼은 우연이 아니라,
# 하나님의 계획

결혼은 하나님이 시작하신 제도입니다(창 2:18, 22~25). 어쩌다 만난 사람과 같이 사는 것이 아닙니다. 결혼 그 자체를 하나님이 만드신 제도로 인식하는 데서 결혼의 영적인 의미가 드러납니다. 결혼에는 영적인 목적이 있습니다. 그래서 믿는 사람은 안 믿는 사람보다 결혼 생활에서 좀 더 큰 의미를 찾을 수 있습니다.

대개 사람들은 배우자를 대학생 시절에 미팅에서 만났다, 길에서 만났다, 버스 안에서 만났다고 합니다. 그러나 결혼이라는 것이 하나님의 계획에 따른 제도라는 사실을 인식할 때, 배우자를 택시 안에서 혹은 길에서 만났더라도 그 이전에 하나님의 영원한 계획이 있었음을 알 수 있습니다. 하나님이 만나게 해 주셨다는 것과 택시 안에서 우연히 만났다는 것은 의미가 다릅니다. 하나님의 계획을 생각할 때 자신의 배우자와 자녀를 보는 눈이 달라지기 때문입니다.

가정은 하나님께 속했으며, 하나님이 가정의 목적과 구성을 정하셨습니다. 그러므로 하나님이 어떻게 가정을 세우셨는지를 정확하게 이해하는 것이 중요합니다.

먼저, 결혼은 하나님이 정하신 약속의 관계입니다.

"그는 젊은 시절의 짝을 버리며 그의 하나님의 언약을 잊어
버린 자라"(잠 2:17; 말 2:14 참조).


이 말씀을 보면, 젊었을 때 하나님이 짝을 지어 주셨는데, 그
짝이 바로 하나님의 언약, 곧 하나님의 약속이라는 것입니다.
예수 믿는 사람은 자신의 아내와 남편을 볼 때 벌써 보는 눈이
다릅니다. 영원한 결혼이요, 하나님이 짝 지어 주신 관계이고,
하나님 앞에서의 약속의 관계임을 인식할 때 근본적으로 결혼
에 대한 접근이 달라집니다. 안 믿는 사람이야 만났다가 헤어지
기도 하지만, 믿는 사람들은 처음부터 그 안목이 다릅니다. 결
혼이 곧 하나님과의 언약의 관계라는 것을 알기 때문에 가정생
활에 문제가 생겨도 그 문제를 통해 어떻게 나의 변화를 요구하
시는지, 하나님의 뜻을 찾습니다.

둘째, 결혼은 성스럽고 정당하고 좋은 것입니다(창 2:18; 잠
18:22; 딤전 5:14).

셋째, 결혼은 신비스러운 것입니다(엡 5:31~32).

결혼을 이해하기란 쉽지 않습니다. 에베소서 5장을 보면, 결
혼을 예수님과 교회의 관계와 비교하면서 신비하다고 표현했습
니다.

# 결혼의 단계

:

### 1단계: 결혼 전, 뭔가 부족한 시기

어릴 때는 잘 모르는데 크면서 친구가 필요해집니다. 중학생 때까지는 주로 동성 친구들과 가깝게 지내다가 고등학생이 되면 동성 친구도 좋긴 하지만 뭔가 부족함을 느낍니다. 그리고 대학생이 되면 진짜 뭔가 모자라는 것 같아집니다. 그러면서 결혼할 상대를 찾습니다. 남학생들은 여학생만 보면 공연히 가슴이 두근두근합니다. 나 혼자로서는 뭔가 부족하고 불완전하다고 느낍니다.

예를 들어, 미국에 두고 온 대학교 3학년인 딸에게 전화로 안부를 물어보면 외롭다고 합니다. 그런데 그 아이는 엄마, 아빠가 곁에 없어서 외로운 것이 아닙니다. 이제 대학교 3학년이 되었으니 나 혼자로서는 미완성이고 뭔가 부족하다는 것을 자신도 모르게 의식하면서, 그것을 외롭다고 표현하는 것입니다. 이제 어느 남자를 만나 사랑하게 되면 서울에 있는 부모에게 전화도 잘 안 할 가능성이 있습니다.

> "아담이 모든 가축과 공중의 새와 들의 모든 짐승에게 이름을 주니라 아담이 돕는 배필이 없으므로"(창 2:20).

하나님은 모든 짐승을 창조해서 아담 앞으로 둘씩 지나가게 하셨고, 아담은 각각의 특징을 포착해서 짐승들에게 이름을 지어 줬습니다. 그런데 아담이 한참 그 일을 하다가 짐승들이 모두 둘씩 짝을 지어 지나가고 있다는 것을 깨달았습니다. 참새도 두 마리, 제비도 두 마리, 노루도 두 마리, 코끼리도 두 마리, 공룡도 두 마리… 자신만 혼자였습니다. 하나님이 아담에게 결혼할 수 있는 심리적인 준비를 시키신 것입니다.

"다 짝을 이루는데 어떻게 나만 혼자냐. 나에게도 같이 짝할 사람이 있어야 할 텐데."

자신이 혼자라는 의식이 아담의 마음 가운데 생겼습니다. 특별히 독신의 은사가 없는 한 결혼을 전제로 하여 배우자를 찾고, 가정을 이루어 살 준비를 해야 합니다.

부모가 곁에 있어도 다 큰 자녀들은 결혼하기 전에는 자신이 혼자라고 생각합니다. 아담도 그랬습니다. 적절한 배필이 없었기 때문입니다. 여기서 '돕는 배필'이라는 말이 대단히 중요합니다. 하나님은 여자를 창조하시기 전에 아담을 심리적으로 준비시키셨는데, 여자를 만드실 때 하나님께는 목적이 있었습니다. 이것을 제대로 이해해야 나의 위치와 가치가 무엇인지 분명해집니다.

아담에게는 '적절한 돕는 자'가 없었습니다. 결국 여자의 역할은 남자를 도와주는 것입니다. 남자를 도와주려면 남자와 같은 종류의 존재여야 했습니다. 즉, 소나 고양이는 안 되고 사람이어야 했습니다. 하나님의 형상과 인격적 속성을 다 가진 남자와 똑같은, 동등한 질의 존재여야 했습니다. 하나님은 남자를 돕는 데 필요한 모든 요소가 그 속에 들어 있도록 여자를 창조하셨습니다.

그런데 오늘날에는 여자가 여자로서의 역할에 대해 의문을 갖고, 남녀평등을 잘못 이해해서 여자가 남자의 역할도 다 해야 하는 줄로 생각하고 있습니다. 하나님의 본래 계획과 목적을 무시하고 성경적 가치들을 버리고, 이 시대가 요구하는 여성상과 남성상을 만들어 놓으니까 혼돈이 오는 것입니다. 이 공부를 하면서 나의 위치는 무엇이며, 하나님이 나를 창조하신 목적은 무엇인지를 분명히 깨달을 때 수많은 문제가 해결됩니다.

### 2단계: 하나님의 선언, "혼자 사는 것이 좋지 않다"

하나님은 "사람이 혼자 사는 것이 좋지 아니하니"(창 2:18)라고 하셨습니다. 창조한 모든 것이 하나님이 보시기에 좋았으나 단 한 가지, 남자가 혼자 있는 것은 좋지 않다고 하셨습니다. 그 좋지 않은 것을 좋게 하려면 꼭 여자가 있어야 했습니다. 물론 예외도 있습니다. 사도 바울이나 예수님의 경우가 있고, 특별한 섭리 가운데 독신의 은사를 받은 사람들도 있습니다. 그러나 대부분의 경우 자신의 미완성의 모습을 좋지 않게 여기고 결혼합니다.

## 3단계: 하나님의 결정, "돕는 배필이 필요하다"

> "여호와 하나님이 이르시되 사람이 혼자 사는 것이 좋지 아니하
> 니 내가 그를 위하여 돕는 배필을 지으리라 하시니라"(창 2:18).

하나님은 아담에게 적합한 여자를 손수 만들기로 결정하셨
습니다.

## 4단계: 하나님의 계획, 여자라는 작품의 탄생

하나님은 아담의 갈비뼈 중 하나를 취해서 여자를 만들기로 계
획하셨습니다(창 2:21~22). 먼저 남자를 지으시고, 그 남자에게서
여자를 만드셨습니다(고전 11:11). 지금은 남자가 여자에게서 태
어 나지만, 처음에는 여자가 남자에게서 나왔습니다. 아담은 하
나님에게서, 여자는 남자에게서 나왔습니다. 그 둘 사이에 자손
이 생겨 이 세상에 퍼졌습니다. 결국 인류는 모두 한 가족인 것
입니다.

## 5단계: 남자와 여자의 만남

하나님은 하와를 아담에게 데리고 오셨습니다(창 2:22). 여자를
남자에게 데리고 오신 것입니다. 제 딸이 결혼할 때, 제가 딸을
데리고 들어갔고, 목사의 특권으로 바로 돌아서서 주례를 했습

니다. 제 딸이 원했던 것입니다. 이 세상에서 딸의 주례를 저보다 잘할 사람이 어디 있겠습니까? 신랑, 신부를 저보다 잘 아는 목사가 세상에 어디 있겠습니까?

"집과 재물은 조상에게서 상속하거니와 슬기로운 아내는 여호와께로서 말미암느니라"(잠 19:14).

남자에게 아내는 하나님이 주신 선물입니다. 자신의 아내를 보면서 버스 안에서 우연히 만난 여자라고 생각하는 것과 하나님이 나에게 예정하셔서 주신 선물이라고 생각하는 것은 하늘과 땅 차이입니다. 하나님이 나에게 주신 선물인데 얼마나 소중하겠습니까? 아내가 소중하지 않은 사람은 이 세상에 없겠습니다만, 그냥 여자로 보는 눈과 하나님이 나에게 주신 선물이라고 보는 눈은 다릅니다. 똑같은 여자를 보더라도 전혀 다른 결과를 낳습니다.

자녀도 마찬가지입니다. 안 낳으려고 했는데 실수로 낳았다고 말하는 경우가 있습니다. "가족계획을 세웠는데도 안 나올 녀석이 나와 가지고…." 이렇게 인간적으로 생각하는 것과 자녀를 바라보면서 하나님이 나에게 주신 선물이라고 생각하는 것은 천양지차입니다.

## 6단계: 만남의 기쁨

하나님이 그분의 방법으로 만드셔서 가장 알맞은 때에 만나게 하신 아내를 봤을 때, 아담은 대단히 기뻤습니다. 그래서 하와를 보고 "내 뼈 중의 뼈요 살 중의 살이라"(창 2:23)는 아주 기가 막힌 말을 했습니다. 어떤 영어 성경에서는 아담이 하와를 보고 한 말을 "야! 신난다"라는 환호성으로 표현했습니다.

하나님이 마련하신 배우자는 기쁨과 복과 큰 위로가 됩니다. 그리고 완성감을 줍니다. 뭔가 미완성이라고 생각했는데, 배우자를 만남으로써 드디어 완성되는 것 같은 만족감과 기쁨과 위로를 경험하게 됩니다.

지금까지 결혼의 6가지 준비 단계를 살펴보았습니다. 그 다음은 이제 둘이 하나가 되는 단계인데, 여기에는 많은 인내가 필요합니다. 인간의 죄성(罪性)이 결혼 생활에도 작용하기 때문입니다. 그러나 하나님의 말씀에 순종하려고 노력하는 부부에게는 하나님이 필요한 은혜를 베풀어 주십니다.

## 7단계: 둘이 하나가 되어 가기

"이러므로 남자가 부모를 떠나 그의 아내와 합하여 둘이 한 몸을 이룰지로다"(창 2:24).

이 말씀에는 둘이 하나가 되는 단계에서의 3가지 원리가 들어 있습니다.

### ① 떠남(leave)의 원리

원만한 결혼을 위해서는 우선 부모를 떠나야 합니다. '떠난다'는 말에는 '끊는다', '버린다', '포기한다' 등의 강한 의미가 있습니다. 부모에게 의존해 오던 삶을 청산해야 합니다. 이제는 내가 독립해서 산다는 의식(意識)을 지녀야 합니다.

'떠난다'는 것은 지리적 장소의 의미보다는 심리적 태도를 말합니다. 부모와 관계를 끊거나 부모에 대한 책임을 저버리라는 것이 아닙니다. 책임 면에서 이제 완전히 독립된 하나의 개체로 서는 것입니다.

부모도 마찬가지입니다. 장가보내 놓고, 시집보내 놓고 여전히 자녀를 자기 마음대로 하려고 하는 부모들이 있습니다. 그러나 더 이상 '내 딸', '내 아들' 해서는 안 됩니다. 그런 데서 고부간의 갈등을 비롯한 많은 문제가 생기는 것입니다. "결혼했으니 이제부터는 너희가 알아서 해라. 도움이 필요하면 와서 물어보고, 이제부터는 너희끼리 독립해서 살아야 한다"는 자세로 결혼한 자녀들을 대해야 합니다. 물론 이것은 심정적으로 쉬운 일이 아닙니다.

부부가 서로 싸우면 대부분 아내가 친정으로 갑니다. 처음부터 안 가야지, 일단 가기 시작하면 그때부터가 문제입니다. 싸웠으면 밖에 나가서 몇 바퀴 돌고 들어와야지, 친정집에 가서는 안 됩니다. 물론 친정 식구와 의논할 수는 있습니다. 그런데 한 번 친정에 가게 되면 그때부터 부부 사이에 금이 갑니다. 이는 회복하기가 참 힘듭니다. 그래서 옛말에 "시집가면 아예 그 집 귀신이 되어라"는 말이 있습니다. 표현은 과하지만 원리상 맞는 말입니다.

우리는 부모님을 공경해야 합니다. 그러나 일단 결혼하고 나면 우선순위는 배우자입니다. 그렇다고 부모를 포기하라는 것이 아닙니다. 부모도 사랑하지만 배우자가 더 먼저라는 것입니다.

자신의 어머니와 한 편이 되어서 아내를 따돌리는 남편들이 있습니다. 이런 경우에 시부모를 모시고 사는 아내들의 고충은 어떻겠습니까? 남자야 부모와 같이 사니까 위치적으로나 심리적으로 떠날 일이 없지만, 여자는 자신의 부모를 떠나 남편 집에 와서 적응해야 합니다. 결혼해서 남편에게 적응하는 것만 해도 어려운데 시아버지, 시어머니, 시동생들에게까지 적응하려면 보통 문제가 아닙니다.

그러므로 남편은 떠남의 원리를 알고, 이제부터는 아내와 나와의 관계가 첫째라는 우선순위를 철저하게 세워야 합니다. 그래서 어떤 때는 어머니가 섭섭해서 "저 녀석은 제 아내한테 눈

멀어서 어미도 못 알아본다"고 하시더라도 어쩔 수 없습니다. 부모에게서 떠나야 자신의 가정을 튼튼하게 세울 수 있습니다.

② 연합(cleave)의 원리

원만한 결혼을 위해서는 아내와 연합해야 합니다. '연합'이란 '용접하다', '접착시키다', '꼭 붙게 하다', '풀로 붙이다' 등의 뜻을 갖는 말입니다. 영어 단어 'cleave'는 풀로 붙이는 것을 뜻합니다. 종이 두 장에 풀을 발라 붙여 놓으면 완전히 붙어서, 그것을 떼려고 하면 찢어집니다. 연합한다는 것은 뗄 수 없도록 영원히 하나가 되는 것입니다.

그런데 본문의 '합하여'라는 표현은 원문으로 보면 수동태로 되어 있습니다. 스스로 하나가 되는 것이 아니라 하나님이 하나로 만드신다는 것입니다. 하나님이 짝지어 하나로 묶어 주시는 것입니다.

"하나님이 짝지어 주신 것을 사람이 나누지 못할지니라"(마 19:6).

하나님이 짝지어 주신 것을 사람이 갈라놓을 수 없습니다. 갈라놓으려고 하면 반드시 째지는 소리가 나고 상처가 생깁니다. 그래서 아무리 힘들어도 이혼하자는 말은 절대로 하면 안 됩니다. '이혼'이란 말은 아예 입에 올리지도 말아야 합니다. 괴롭더라도 문제를 해결하려고 해야지 처음부터 이혼 얘기는 꺼내지 말아야 합니다. 한 번 듣고 나면 그 말이 마음의 장벽을 만들고, 이혼의 가능성을 생각하기 때문입니다.

부부는 서로에게 '경쟁의 대상'이 아니라 '보완의 대상'입니다. 서로의 장점을 통해 보완함으로써 더 충실한 사람이 될 수 있습니다. 사람은 누구나 장점이 있습니다. 장점이 없는 사람은 한 명도 없습니다. 또한 누구에게나 단점이 있습니다. 단점은 아무리 지적해도 도움이 안 됩니다. 서로의 관계에서 둘의 장점이 합해지면 좀 더 나은 인생을 꾸며 갈 수 있습니다. 자신의 미완성을 인정하지 않을 때 늘 문제가 일어납니다. 배우자의 단점이 보이면 그 단점을 채워 주고자 해야 합니다.

③ 한 몸(weave)의 원리

원만한 결혼을 위해서는 둘이 한 몸이 되어야 합니다. 결혼은 모든 인간관계 가운데 가장 친밀한 관계입니다. 결혼 생활은 부부의 성적(性的)인 관계를 넘어 두 사람이 개별적으로가 아니라 상호 관계를 통해 자신의 계발을 완성해 나가는 것입니다. 이 과정에는 고통도 있고 기쁨도 있습니다. 지금까지는 각자 자신의 삶을 추구해 왔지만, 이제부터는 대나무 조각으로 이쪽저쪽을 얽어 가며 대바구니를 만들 듯, 둘이 함께 엮어 나가면서 새로운 삶의 작품을 창조해야 합니다. 삶의 모든 영역에서 둘이 하나가 되는 것을 실현해야 합니다. 몸도 마음도 영혼도 하나가 되는 작업이 결혼에서 시작됩니다.

### 8단계: 몸의 기쁨을 누리기

아담과 하와는 벗었으나 부끄러워하지 않았습니다(창 2:25). 수치감이나 부끄러움은 죄의 결과이지 본래부터 있던 것이 아닙니다. 아담과 하와가 처음 창조되었을 때 두 사람은 완전히 벗은 몸이었지만, 그것은 그들에게 전혀 문제가 안 되었습니다. 부끄러워하고 수치감을 느끼는 것은 죄성 때문이지 우리의 몸이 잘못된 것이 아닙니다. 우리의 몸은 하나님이 지으셨으므로 완전합니다. 조금의 허물도 없습니다. 그만큼 인간의 몸은 존귀합니다. 그러나 우리의 마음에 들어온 죄성 때문에 우리 자신을 부끄러워하기도 하고, 좋지 않게 보기도 하는 것입니다. 결혼 생활에서는 부끄러움 없이 자유롭게 서로의 벗은 몸을 즐거이 내줘야 합니다. 거기에 환희가 있습니다.


# 결혼의
# 성경적 원리

창세기 24장을 보면 이삭의 신부 리브가의 이야기가 나오는데, 여기에 결혼에 대한 11가지 원칙이 있습니다.

## 1. 성경적 결혼의 배후에는 부모의 관심이 있다

아브라함은 처음부터 아들의 신붓감을 구하고 싶어 했습니다. 그는 자신의 종에게 "내 아들 이삭을 위하여 아내를 택하라"고 명령함으로써 아들의 결혼 준비를 시작했습니다(창 24:1~4).

## 2. 하나님의 뜻에 따라 진행한다

결혼은 내 마음대로 하는 것이 아닙니다.

> "하늘의 하나님 여호와께서 나를 내 아버지의 집과 내 고향 땅에서 떠나게 하시고 내게 말씀하시며 내게 맹세하여 이르시기를 이 땅을 네 씨에게 주리라 하셨으니 그가 그 사자를 너보다 앞서 보내실지라 네가 거기서 내 아들을 위하여 아내를 택할지니라"(창 24:7).

아브라함은 하나님이 사자를 보내서 미리 준비하실 것이라고 말했습니다. 이삭의 결혼은 하나님의 뜻에 따라 아브라함이 진행했습니다. 이삭의 결혼 준비는 하나님이 아브라함과 맺으신 언약 속에서 이행되었습니다.

## 3. 자신이 원하는 특정한 사람을 생각한다

아브라함은 가나안 사람들을 처음부터 배제했습니다(창 24:3~4).

요즘 식으로 말하면 가나안 사람은 안 믿는 사람들을 가리킨다고 볼 수 있습니다. 아브라함은 자신의 종에게 안 믿는 사람들은 아예 처음부터 보지 말고, 같은 족속 가운데서 며느리를 구해 오라고 했습니다. 아무리 멀고 아무리 시간이 많이 걸려도 말입니다.

그런데 이상하게 믿는 사람들도 결혼 문제에 부딪치면 약해집니다. 안 믿는 사람과 결혼하면 누가 손해 볼까요? 믿는 사람이 손해를 봅니다. 안 믿는 사람이야 본래 안 믿으니까 결혼하기 위해 학습이나 세례를 받을 수 있습니다. 결국에는 하나님의 특별한 은혜로 믿게 될 수도 있습니다. 그러나 믿는 사람은 배우자가 믿게 되기까지 자기 신앙에 손해를 보고 많은 어려움을 겪습니다.

우리도 아브라함처럼 가나안 백성, 곧 안 믿는 사람과의 결혼은 안 된다고 자녀들에게 아주 어렸을 때부터 교육시켜야 합니다. 하나님의 백성은 같은 문화와 생활 습관을 가진 하나님의 백성과 결혼해야 합니다.

## 4. 하나님의 뜻에 맞는 배우자를 찾기로 결심한다

아브라함은 종에게 꼭 하나님이 정하신 이삭의 배필을 찾아오겠다는 맹세까지 하게 했습니다(창 24:3).

## 5. 부모는 자녀의 결혼이 잘될 것이라는 확신을 갖아야 한다

아브라함은 하나님의 천사가 미리 가서 다 준비를 해 놓았다고 믿었습니다(창 24:7). 내 딸이 벌써 나이가 찼는데 시집 못 가면 어떻게 하느냐고 걱정하는 사람들이 있습니다. 그것은 믿음이 없는 태도입니다. 우리 아이들은 하나님의 언약의 자녀들입니다. 어릴 때 유아세례를 받은 아이는 언약의 자녀입니다. 믿음으로 시작했으면 걱정하지 말고 잘될 것이라고 믿어야 합니다.

자녀의 결혼 문제로 안 믿는 사람처럼 걱정하는 사람에게 이렇게 말한 적이 있습니다.

"걱정하지 마십시오. 하나님이 결혼하는 것이 좋다고 말씀하셨기 때문에 각자의 짝을 어딘가에 마련해 두셨습니다. 걱정말고 딸을 위해 기도하십시오. '우리 딸이 신앙의 아들을 만나둘이 합해서 주님을 잘 섬기게 해 달라'고 말입니다. 언제 나타나느냐가 문제지, 다 나타나게 되어 있습니다."

하나님은 혼자 사는 게 좋지 않다고 말씀하셨습니다. 그저 모두 결혼할 것으로 인정하고, 조급할 필요 없이 확신을 갖고, 긍정적으로 살면서 배우자를 찾는 것이 옳습니다. 만일 아직도 배우자가 안 나타났다면 하나님의 특별한 섭리가 있어서 그런 것입니다. 혹시 하나님의 목적이 있어서 그 자녀에게 독신의 은사가 있을 수도 있습니다. 사도 바울처럼 쓰실지, 세례 요한처럼 쓰실지 아무도 모릅니다.

## 6. 결혼의 성사를 위해 하나님의 인도하심을 구한다

"그가 이르되 우리 주인 아브라함의 하나님 여호와여 원하건대 오늘 나에게 순조롭게 만나게 하사 내 주인 아브라함에게 은혜를 베푸시옵소서 성 중 사람의 딸들이 물 길으러 나오겠사오니 내가 우물곁에 서 있다가 한 소녀에게 이르기를 청하건대 너는 물동이를 기울여 나로 마시게 하라 하리니 그의 대답이 마시라 내가 당신의 낙타에게도 마시게 하리라 하면 그는 주께서 주의 종 이삭을 위하여 정하신 자라 이로 말미암아 주께서 내 주인에게 은혜 베푸심을 내가 알겠나이다"(창 24:12~14).

미혼의 젊은이들 가운데 결혼에 대해 기도하지 않는 사람들이 있습니다. 대개 남자들은 무관심해서이고, 여자들은 쑥스럽게 생각하기 때문입니다. 그러나 반드시 기도해야 합니다. 자녀들에게 "지금 결혼할 나이가 다가오니까 하나님 앞에서 기도하라"고 가르쳐야 합니다. 부모도 자주 기도해 줘서 자녀들에게 하나님의 인도하심을 기다린다는 의식을 불어넣어야 합니다. 감기 들어도 낫게 해 달라고 기도하고, 진학을 위해서도 기도하면서 정작 결혼이라는 중대사를 놓고 결혼 대상자에 대해 본인과 부모가 기도하지 않는다면 말이 안 됩니다. 부끄럽고 창피하게 생각하지 말고 기도로 하나님의 인도하심을 구해야 합니다.

## 7. 하나님의 인도하심이 분명히 나타난다

기도하면서 확신을 가지고 한 걸음씩 나아가면, 시간이 흐름에 따라 하나님의 인도하심이 분명하게 나타납니다(창 24:15~20). 하나님의 인도하심이 분명히 나타나기 전에 서두르며 인간적인 방법을 쓰려고 하니까 문제가 생기는 것입니다. 하나님이 인도해 주셔서 본인은 물론 부모에게도 확신이 들 때까지 주님만 바라보며 좋은 남편, 좋은 아내가 될 준비를 차곡차곡 해야 합니다.

## 8. 부모가 흔쾌히 결혼을 허락한다

"라반과 브두엘이 대답하여 이르되 이 일이 여호와께로 말미암았으니 우리는 가부를 말할 수 없노라 리브가가 당신 앞에 있으니 데리고 가서 여호와의 명령대로 그를 당신의 주인의 아들의 아내가 되게 하라"(창 24:50~51).

양가 부모의 허락과 축복을 받는 것은 대단히 중요합니다. 사실 결혼 생활은 양가 부모의 축복 가운데 출발해도 어려울 수 있습니다. 그러므로 출발부터 부모의 동의없이 하여 도피 행각을 벌여야 한다면, 결혼해서는 안 됩니다. 저는 그런 결혼을 전적으로 반대합니다. 그런 결혼을 하려고 하는 젊은이들에게 부모의 허락이 있을 때까지 결혼하지 말고 기다리라고 합니다. "우리는 7년을 기다렸는데요!" 하면 8년이고 9년이고 10년이고 부모가 승낙할 때까지 기다렸다가 부모가 동의하고 축복할 때 결혼하라고 합니다.

부모를 무시하고 결혼하는 것은 위험천만합니다. 저는 그렇게 결혼해서 행복한 가정을 못 봤습니다. 수많은 부부들과 대화하고 상담해 봤는데, 부모가 적극적으로 반대한다고 도피 행각을 벌이거나 그냥 결혼해 버린 사람들은 두고두고 그 문제로 고통이 많습니다.

## 9. 결혼의 당사자가 마지막 결정을 해야 한다

"리브가를 불러 그에게 이르되 네가 이 사람과 함께 가려느냐 그가 대답하되 가겠나이다"(창 24:58).

최종 결정은 본인이 해야 합니다. 강제로 밀어붙이면 두고두고 부모를 원망할 수 있습니다. 부모가 중매할 수도 있고 권고할 수도 있지만 마지막에는 리브가가 대답한 것처럼 본인 스스로가 "이 사람과 결혼해야겠다"고 결정해야 합니다. 우리 부모님 세대에서는 부모가 정해 준, 얼굴도 모르는 사람과 결혼하는 일이 흔했습니다. 그런데 4,000년 전에 이삭과 리브가는 이미 그런 결혼 형태보다 앞서 있었습니다. 본인의 뜻을 존중했습니다.

## 10. 서로 기도하면서 기다린다

"리브가가 일어나 여자 종들과 함께 낙타를 타고 그 사람을 따라가니 그 종이 리브가를 데리고 가니라 그때에 이삭이 브엘라해로이에서 왔으니 그가 네게브 지역에 거주하였음이라 이삭이 저물 때에 들에 나가 묵상하다가 눈을 들어 보매 낙타들이 오는지라"(창 24:61~63).

어떤 번역본에서는 '묵상하다가'를 '기도하다가'로 번역했습니다. 이삭이 아내를 두고 기도한 것입니다. 서로 기도로 하나님의 인도하심을 받아 결혼할 때 아름다운 한 쌍의 부부가 되는 것입니다.

## 11. 결국 좋은 결과가 나타난다

"이삭이 리브가를 인도하여 그의 어머니 사라의 장막으로 들이고 그를 맞이하여 아내로 삼고 사랑하였으니 이삭이 그의 어머니를 장례한 후에 위로를 얻었더라"(창 24:67).

성경에 결혼한 사람들이 많이 등장하는데, 당연히 사랑하는 줄 알아서 그런지 자신의 아내를 사랑했다는 말은 잘 안 보입니다. 그런데 이삭의 경우를 보면 '사랑했다'는 말이 나옵니다. 성경의 많은 남자들 중에서 이삭만이 자신의 아내를 위해 기도했고 사랑한다고 말했습니다. 그래서 결과가 참 좋았던 것입니다.


## 결혼의 목적

:

### 나에게 적합한 협력자를 만나기 위해

여자는 남자에게 적합한 협력자입니다(창 2:18, 22). 남자 혼자는 미완성의 작품이어서 완성된 작품이 되려면 여자가 필요합니다. 캐나다와 미국과 유럽에는 동성 결혼이 있습니다. 그러나 하나님은 인간을 만드실 때 확실히 차이가 나는 남자와 여자를 만드셨습니다. 남자에게 적합한 아내는 여자이지 남자가 아닙니다.

여자는 본래부터 협력자(helper)로 창조되었습니다. 현대 여성운동에서 여성은 독립된 존재로서 남자와 동일한 존재라고 여기는 경향이 있지만, 여자는 스스로 남자에게 도움을 줄 수 있는 존재라는 사실을 인식할 때 비로소 참된 자유를 누리게 됩니다.

여자에 대한 두 가지 잘못된 생각이 있습니다. 하나는 여자를 혼자서 뭐든 다 할 수 있는 독립된 존재로 보는 것입니다. 이런 생각에 입각하여 펼치는 운동은 성경적이지 않습니다. 또 다른 생각은 여자는 늘 남성의 도움이 필요한 존재라는 것인데, 이것도 성경적이지 않습니다.

성경은 여자에게 남편을 도울 수 있는 능력이 얼마든지 있다고 말합니다. 여자는 도움만 받으면서 사는 존재가 아닙니다. 처음부터 도와줄 수 있는 능력을 부여받은 사람으로 창조되었습니다. 나는 도움을 줄 수 있는 사람이요, 다른 사람에게 도움이 되는 사람이라고 자신의 창조 목적을 인식한다면 삶을 바라보는 눈과 자세가 확실히 달라질 것입니다. 여러분은 도움을 주는 것이 나의 본래 목적이라고 확실하게 믿고, 그 가치를 알고 살아왔습니까? 대부분의 여자들이 여기까지는 생각을 못합니다.

하나님은 창조하실 때 사람들을 도울 수 있는 능력을 여자 속에 주셨습니다. 이 사실을 알면 해방감을 느낄 수 있습니다. "아! 내가 보통 존재가 아니구나. 도움을 받고자 하는 사람들이 많은데, 내가 얼마든지 도움을 줄 수 있는 존재라니!" 이때 여자들의 가치가 얼마나 부각되겠습니까? 돕는 자는 능력이 있어야 도울 수 있습니다. 삼위일체의 성령을 "보혜사", "도우미", "The Helper"라고 부릅니다. "돕는 자"라는 가치의 저하가 아내 가치의 부상을 의미합니다.

반면 남자는 도움을 받는 존재입니다. 도움을 받는 존재와 도움을 주는 존재를 놓고 볼 때, 도움을 주는 존재가 훨씬 능력 있는 것 아닙니까? 그러므로 여자를 우습게 봐서는 안 됩니다. 물론 남자에게는 남자로서의 역할이 따로 있습니다.

다른 사람에게 도움을 주며 사는 사람들은 행복합니다. 사실 그런 바람직한 삶을 살기가 어렵기 때문에 우리가 자녀들에게 "서로 도와줘라", "언니 좀 도와줘라", "동생 좀 도와줘라"고 하며 돕는 훈련을 열심히 시키는 것 아닙니까? 도와줄 줄 알고 도와줄 능력이 있는 사람은 절대로 불행하지 않습니다. 그런데 여자는 바로 그런 능력을 갖도록 창조되었습니다.

남자가 여자보다 우월한 것이 아닙니다. 하나님이 주신 역할에 차이가 있을 뿐입니다. 여자는 남자와 동등합니다(창 1:26~27). 영적으로, 정신적으로, 지적(知的)으로 여자는 남자에 비해 부족한 것이 하나도 없습니다. 윤리적으로도 뒤질 것이 없습니다(갈 3:26~28; 벧전 3:7). 단지 하나님이 여자에게 주신 역할과 남자에게 주신 역할이 다를 뿐입니다.

## 완성감, 안정감, 동료 의식을 갖기 위해

아담에게는 에덴동산이라는 완벽한 환경, 여러 능력을 발휘할 수 있는 창조적 가능성, 광범위한 책임 분야, 하나님과의 완전한 친교가 있었으나 혼자였습니다. 그에게는 자신과 똑같은 또 다른 남자가 필요한 것이 아니라, 자신을 도와 더 큰 가능성을 만들어 낼 수 있는 협력자가 필요했습니다(창 2:18, 22, 24; 고전 11:11~12). 하와는 단지 아기를 낳아 주는 존재가 아니라 인생의 동반자였습니다.

## 하나님이 허락하신 성적(性的) 만족을 위해

하나님은 남성과 여성으로 인간을 창조하셨고, 그 둘은 한 몸을 이뤘습니다(창 1:27; 2:24). 둘 다 벗었으나 조금도 부끄러워하지 않았습니다. 이것은 성적 만족을 의미합니다. 솔로몬의 아가서나 잠언 5장 18~19절 등에는 성적 만족에 대한 표현이 자연스럽게 나와 있습니다. 그러나 동성애와 불륜 관계는 인간의 본질과 하나님의 목적에 위배될 뿐 아니라, 하나님이 진노하시는 죄악입니다(고전 7:3~5; 히 13:4 참조).

## 사회질서를 위해

한 남자와 여자가 결혼함으로써 사회에 질서가 생깁니다(창 2:24). 하나님이 한 남자와 한 여자를 창조하셨으므로 한 남자와 한 여자가 한 가정을 이룸으로써 사회에 질서가 이뤄집니다. 한 남자에게 두 여자, 한 여자에게 두 남자가 있을 때는 갈등이 있을 수밖에 없습니다. 일부이처제(一夫二妻制)라면 두 여자가 남편의 사랑을 얻기 위해 경쟁해야 합니다. 남자는 한 명을 선택해야 하므로 애정이 분산됩니다. 남자가 한쪽을 편애할 때 다른 여자는 질투를 느낍니다.

남편이 부모에게 의존하고 살 때 고부간의 갈등이 생깁니다. 결혼하면 아내와 하나가 되어 독립해야 합니다. 아내는 자신이 기대했던 독립된 역할을 할 수 없을 때 실망합니다. 여자는 결혼하면 자신이 가정에서 여주인이 될 것이라는 기대감을 갖고 주부(主婦)로서의 역할을 하려고 합니다. 만일 시댁의 주부가 시어머니고 자신은 그냥 여종 역할에 머무른다면, 여자는 자신의 존귀함과 가치를 느끼지 못합니다. 그러므로 결혼하면 아내가 독립된 가정의 주부 역할을 하도록 남편이 분위기를 조성하고 인도해야 합니다. 그래야 아내가 주부로서 만족감을 누릴 수 있습니다.

예수님도 창세기 2장 24절을 결혼의 근본으로 인용하셨습니다(마 19:5). 바울도 남자가 부모를 떠나 아내와 합해 한 몸이 된다는 원리를 인용하고 지지했습니다(엡 5:31). 그러므로 우리도 성경의 이 기본 원리를 염두에 두고 결혼 생활을 해 나가야 합니다.

## 자녀의 출산과 양육을 위해

하나님은 아담과 하와에게 생육하고 번성하여 땅에 충만하라고 하셨습니다(창 1:28). 가정은 아이들의 출생, 교육, 훈련, 보호, 성장을 위한 가장 적합한 환경을 제공합니다(창 2:24; 신 6:1~2, 6, 8; 엡 5:22~6:4). 사생아는 성장과 보호에 많은 문제가 따릅니다. 그래서 결혼이라는 안정된 제도를 통해 아이가 태어나고 양육받도록 하나님이 계획하신 것입니다.

## 그리스도와 교회의 관계를 상징하기 위해

하나님은 가정을 중요하게 여기십니다. 에베소서 5장을 보면 가정은 그리스도와 교회의 관계를 상징합니다(엡 5:22~33). 기독교는 그만큼 가정을 중요시합니다. 남편은 예수님을, 아내는 교회를 상징합니다.

## 하나님이 만드신 결혼의 원래 모습

먼저 남편에게는 가장(家長)이라는 책임이, 아내에게는 순종이라는 역할이 맡겨져 있습니다(창 2:18, 22; 딤전 2:11~13). 남편은 가장으로서 가정에 대한 총책임을 맡습니다. 아내는 남편에게 순종하는 협력자로서 가정의 질서를 만들어 가고 그 책임을 함께 이뤄 나갈 역할을 합니다.

둘째로, 결혼은 일부일처제(창 2:21~22)를 따릅니다. 예수님도 이 사실을 강조하셨습니다.

셋째로, 결혼은 새로운 단위의 구성입니다(창 2:24). 자녀의 결혼은 부모에게 관계의 단절이 아니라 책임의 종식을 의미합니다. 그리고 부부가 서로 합하여 하나가 되기 때문에 개인주의는 결혼과 함께 끝납니다. 지금까지는 따로따로 살았지만 일단 결혼해서 둘이 한 가정을 이루면 개인의 권리 주장은 포기해야 합니다.

그렇다면 부부는 어떤 수준에서 하나가 되어야 할까요? 인간은 영, 혼, 몸이 있습니다. 영은 영적인 삶의 중심이요, 신의식

(神意識)의 근원입니다. 혼은 지성과 감성과 의지의 중심이요, 자아의식(自我意識)의 근원입니다. 몸은 오감(五感)의 중심이요, 세계의식(世界意識)의 근원입니다. 부부는 영, 혼, 몸, 모든 면에서 하나가 되어야 합니다.

결혼식 이후부터는 '나', '나를', '내 것'이 아니라 '우리', '우리를', '우리 것'을 생각해야 합니다. 그런데 이것은 쉽지 않습니다. 지금까지 '나'를 위해 살아왔는데 결혼식을 했다고 하루아침에 그것이 사라지겠습니까? 그런 자기중심적, 이기적 태도를 바꾸는 데는 상당한 시간과 노력이 필요합니다. 또한 하나님의 상당한 은혜가 필요합니다. 그러면 부부가 하나 되는 데 따르는 4가지 측면을 살펴봅시다.

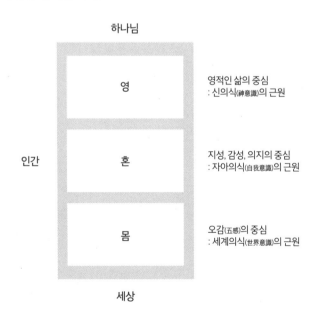

하나님

영 — 영적인 삶의 중심
: 신의식(神意識)의 근원

인간

혼 — 지성, 감성, 의지의 중심
: 자아의식(自我意識)의 근원

몸 — 오감(五感)의 중심
: 세계의식(世界意識)의 근원

세상

①'내 것'이 아니라 '우리 것'이다

미국의 가정을 보면 아내가 남편에게 "오늘 저녁은 내가 살 테니 직장 일 마치고 어디서 나랑 만나요"라고 제안합니다. 그리고 저녁 먹은 후에는 아내가 자신의 신용카드를 꺼내 서명합니다. 이런 풍속도는 미국에만 있는 것이 아니라 우리나라의 맞벌이 부부들에게도 흔히 있는 일입니다. 그러나 예수 믿는 가정에는 개인 소유권이 없습니다. 내 집, 내 자동차, 내 은행 잔고가 아니라 우리 집, 우리 자동차, 우리 은행 잔고입니다.

우리나라의 경우, 남편이 아내를 못 믿어서 돈을 맡기지 못하는 경우가 많습니다. 여기에는 두 가지 이유가 있습니다. 맡겨 놓았더니 자기 돈인 줄 알고 막 쓰기 때문에 불안해서 못 맡긴다고 합니다. 또 돈 관리를 제대로 못해서 못 맡긴다고 합니다. 어디에 얼마를 썼는지를 기록해 놓지 않아서 모른다는 것입니다. 그러나 남편은 재정 관리의 지혜와 능력이 아내에게 더 있다면 그 관리를 아내에게 맡길 수 있습니다. "당신이 더 잘 아니까 당신이 맡아요" 하고 맡기면 그만입니다. 이것은 남편의 책임하에서 아내에게 맡긴 것입니다.

어떤 남편은 자신이 번 돈이라고 생각하고, 아내에게 전혀 돈을 맡기지 못합니다. 그러나 그것은 착각입니다. 그 돈을 어떻게 벌었습니까? 아내가 해 주는 밥 먹고 힘 얻어서 번 돈 아닙니까? 모두 '우리 것'입니다. 지금은 한국의 가정 법원도 이 견해를 지지하고 있습니다.

결혼했으면 '내 것'이 아니라 '우리 것'이 되어야 합니다. 본능적으로 이기적인 자신을 포기해야 합니다. 결혼이란 변화와 자기희생을 의미합니다. 첫 번째 변화가 바로 '나'에서 '우리'로 변하는 것입니다.

② '나'보다 '우리'를 위해 계획한다

무엇을 계획하든지 배우자와 함께 의논해서 계획해야 합니다. "나는 이렇게 하고 싶어요"보다 "우리 이렇게 하면 어떨까요?"라는 자세를 가져야 합니다. '우리'를 위한 계획을 세워야 합니다.

③ 서로를 위해 타협한다

두 사람이 결혼 생활을 통해 '한 몸'의 원리를 점차 실현하기 시작합니다. 이것은 하루아침에 되지 않습니다. 한 몸을 이루는 것은 자신의 개성을 없애는 것이 아닙니다. 두 사람의 개성이 조화되고 모난 부분이 깎이는 과정입니다. 두 사람 모두의 유익을 위해 타협적인 삶을 사는 것입니다. 타협 없는 인생은 없습니다. 다 주고받으며 사는 것입니다. 결혼 생활에서는 더욱더 그렇습니다. 혼자 판단하고 행동하는 것을 피해야 합니다.

④ 영적으로 하나가 된다

결혼 전부터 두 사람이 영적으로 하나가 되는 것은 대단히 중요합니다. 종교적인 문제는 근본적으로 문화의 차이입니다. 보통 문제가 아닙니다. 영적으로 하나가 되어 있지 않은 결혼 생활에는 어려움이 많습니다.

가정에서나 교회에서나 두 사람이 함께 예배드리고, 삶의 문제를 놓고 함께 기도하고, 하나님의 말씀을 함께 읽고, 영적인 도움을 함께 받으며 살아가는 부부는 참으로 행복하고 복된 사람들입니다. 독일의 명언 가운데 "말은 은이요, 침묵은 금이다"라는 말도 있지만 결혼에서는 "대화는 금이요, 정금입니다." 서로를 잘 알면 알수록 결혼 생활에서 더 좋은 열매를 맺을 수 있습니다. 영적 생활에서도 마찬가지입니다. 대화하면서 함께 변화해야 합니다.

얼마 전에 한 가정을 방문했는데, 그 부부의 영적인 상태를 보고 얼마나 감사했는지 모릅니다. 서로의 영적 상태를 격려하면서 이끌어 주는 모습이 참 아름다웠습니다. 그래서 제가 남편되는 분에게 "이 집 식구들은 노방 전도 안 해도 되겠네요. 사람들이 한번 이 집에 와서 저녁 한 끼만 먹어도 전도가 저절로 되겠어요"라고 했습니다. 그 집 사람들의 대화와 사는 모습이 벌써 그 집 자체가 예수 믿는 집이라는 사실이 드러나기 때문입니다. 예수 믿으라는 말을 안 해도 그 집에 와서 두 시간만 교제하고 가면 무슨 말을 하고 싶어서 초대했는지 알 수 있을 것입니다.

넷째로, 부부의 성생활은 하나님의 계획이요 거룩한 선물입니다(창 1:27; 2:24~25). 아담과 하와는 둘 다 벗은 몸이었으나 조금도 부끄러워하지 않았습니다. 이는 부부간의 성생활의 자유를 뜻합니다.

다섯째로, 남녀의 차이는 남녀의 본질과 특유한 역할을 의미합니다(창 1:27). 자녀가 어릴 때부터 남녀의 특수성을 잘 길러 줘야 합니다. 미국에서는 아이들이 어릴 때부터 이성 친구를 사귑니다. 미국의 부모들은 자녀가 7세가 되었는데도 이성 친구가 없으면 무슨 큰 야단이나 난 것처럼 걱정합니다. 한국은 정반대인데 말입니다.

어릴 때부터 남녀가 어울리는 것은 자연스럽지만, 여기에는 단점이 하나 있습니다. 남자는 여자 같아지고 여자는 남자 같아질 수 있습니다. 그래서 남자 같은 남자가 부족하고, 여자 같은 여자가 부족해 집니다. 지금 미국의 기독교계에서는 이 문제로 상당한 논란이 일어났고, 이에 대한 저술 작업과 연구가 활발합니다. 남자 같은 남자, 여자 같은 여자를 만들어야 한다는 것입니다. 여자가 남자 같고 남자가 여자 같으니까 남녀가 같이 지내도 화합이 잘 안 됩니다. 나 하나도 족한데 배우자마저 나와 똑같은 특성의 사람이기 때문입니다.

미국인들은 어릴 때부터 결혼할 때까지 늘 남녀가 어울리기 때문에 문제가 많습니다. 두 가정 가운데 한 가정이 깨집니다. 어려서부터 여자는 여자답게 키우고, 남자는 남자답게 책임감을 갖도록 키워서 나중에 결혼했을 때 자신의 배우자를 책임지는 사람이 되게 해야 합니다.


## 하나님의
## 가정관

⋮　　　　　　하나님이 가정을 얼마나 중요하게 생각하시는지는 성경 전체를 통해 계속 나타납니다. 하나님은 국가를 만드시기 전에, 교회가 있기 전에 먼저 가정을 세우셨습니다. 가정은 모든 사회제도의 근본입니다. 하나님이 가정을 얼마나 사랑하시는지가 성경 곳곳에 나타나 있는데, 예를 들어 보겠습니다.

첫째로, 십계명 중 네 계명이 가정과 직접 관계가 있습니다. 출애굽기 20장에 십계명의 내용이 있는데, 모세는 십계명을 돌판 두 개에 받았습니다. 첫 번째 돌판에는 제1계명에서 제4계명까지 적혀 있고, 두 번째 돌판에는 제5계명에서 제10계명까지 적혀 있습니다. 제1계명에서 제4계명까지는 하나님에 대한 인간의 책임을 말하고, 제5계명에서 제10계명까지는 인간에 대한 인간의 책임을 말합니다. 간단히 말해서 십계명은 하나님에 대한 사랑과 인간에 대한 사랑을 명령합니다. 예수님도 이 두 가지가 "온 율법과 선지자의 강령(綱領)이니라"(마 22:40)고 하셨습니다.

율법은 모세오경을, 선지자는 나머지 구약성경을 말합니다. 율법과 선지자는 (구약의 관점에서) 결국 성경 전체를 말하는 것입니다. 성경 전체의 주제는 두 가지로 요약할 수 있습니다. 즉 "주 너의 하나님을 사랑하고 이웃을 네 몸과 같이 사랑하라"는 것입니다.

저는 어려서부터 교회에서 자라면서 늘 교회의 가르침을 들어 왔습니다. 너무 많은 내용을 듣다 보니 머릿속이 복잡해졌습니다. 그러다가 공부에도 요령이 있어야 하듯 예수 믿는 데도 일종의 요령이 필요하다는 것을 알았습니다. 공부할 때 무조건 열심히 한다고 해서 효과가 있는 것이 아닙니다. 책을 읽어도 요점을 찾아내야 하고, 강의를 듣거나 시험공부를 할 때도 요점을 찾아서 요약해야 효과적입니다.

성경은 1,500쪽에 달하는데, 사실 이 1,500쪽 중 어디에 초점을 맞춰야 할지 깜깜합니다. 더구나 예수를 처음 믿게 되면 더욱 그렇습니다. 어디서부터 읽어야 하고, 무엇을 읽어야 할지 모릅니다. 저도 늘 그런 고민을 하다가 어느 날 "기독교는 간단하구나. 기독교는 사도 바울이 말한 것처럼 한마디로 사랑인데, 이때 사랑은 하나님과 이웃에 대한 사랑이구나" 하는 것을 처음으로 깨달았습니다. 그것에 초점을 맞추면 나머지 1,500쪽이 다 해결됩니다.

제5계명에서 제10계명이 이웃 사랑에 관계된 것들인데, 첫 번째 인간관계가 바로 가정입니다. 사실 제2계명도 가정과 관계됩니다.

"너를 위하여 새긴 우상을 만들지 말고 또 위로 하늘에 있는 것이나 아래로 땅에 있는 것이나 땅 아래 물속에 있는 것의 어떤 형상도 만들지 말며 그것들에게 절하지 말며 그것들을 섬기지 말라 나 네 하나님 여호와는 질투하는 하나님인즉 나를 미워하는 자의 죄를 갚되 아버지로부터 아들에게로 삼사 대까지 이르게 하거니와 나를 사랑하고 내 계명을 지키는 자에게는 천 대까지 은혜를 베푸느니라"(출 20:4~6).

우상을 섬기고 안 섬기는 것은 내 가정과 가문이 망하느냐 흥하느냐, 수천 대까지 하나님의 복을 받느냐 아니면 삼사 대까지 저주를 받느냐 하는 문제를 좌우합니다. 그러므로 제2계명도 가정적인 문제에 대한 것입니다.

"네 부모를 공경하라 그리하면 네 하나님 여호와가 네게 준 땅에서 네 생명이 길리라"(12절)는 제5계명은 당연히 가정과 관계된 계명입니다. 에베소서 6장 2절에서도 이것을 "약속이 있는 첫 계명"이라고 했습니다.

"간음하지 말라"(14절)는 제7계명과 "네 이웃의 집을 탐내지 말라 네 이웃의 아내나 그의 남종이나 그의 여종이나 그의 소나 그의 나귀나 무릇 네 이웃의 소유를 탐내지 말라"(17절)는 제10계명도 가정의 문제와 관계됩니다.

이렇게 10개의 계명 가운데 4개가 가정에 대한 계명입니다. 거의 절반을 차지합니다. 하나님은 그만큼 가정에 상당한 관심을 보이십니다. 십계명만 보더라도 하나님이 얼마큼 가정을 소중하게 여기시는지 알 수 있습니다.

둘째로, 하나님 아버지의 개념은 인간 아버지와 비교할 수 있습니다(시 103:13; 잠 3:12; 마 7:11; 눅 11:13; 히 12:6~11). 성경에 계속해서 "하늘에 계신 너희 아버지"라는 말씀이 나옵니다. 하나님은 그분과 인간의 관계를 가족 제도로 설명하십니다. 하나님 자신이 아버지라는 개념을 인간과의 관계에서 말씀하십니다.

셋째로, 성경에서 부부의 불륜과 자녀들의 반항은 사형에 해당하는 악한 죄로 규정합니다(출 21:15, 17; 레 20:10). 구약시대에 하나님은 자신의 남편이나 아내를 배반하고 간음하는 사람은 끌고 나가서 돌로 쳐 죽이라고 말씀하셨습니다. 돌에 맞아 죽은 사람의 시체 위에 돌이 수북이 쌓이면 아무도 건드리지 못하게 하셨습니다. 사람들은 지나가면서 "저기 아무개가 자기 남편(아내)을 속이다가 죽었어"라고 손가락질했습니다.

남편과 아내의 하나 됨을 깰 때 하나님은 그것을 사형에 해당하는 죄로 여기십니다. 이는 하나님이 가정에 대해 얼마나 심각하게 생각하시는지를 잘 보여 주는 단편입니다.

수많은 사람들이 자신의 배우자를 속이는 일들을 너무 쉽게 생각하는데, 당장 벼락이 떨어지는 벌을 받지 않는 것은 하나님의 자비하심 덕분입니다. 하나님이 회개할 기회를 주시는 것입니다. 그러나 간음죄는 발각되는 대로 당장 끌고 와서 온 동네가 돌로 쳐서 죽여야 할 정도로 심각한 죄입니다. 하나님은 부부 관계를 이렇게 중요하게 여기십니다.

그런데 때로는 교인들도 자신의 배우자와의 관계를 그렇게 심각하게 생각하지 않습니다. 눈이 어두워지는 경우가 교회 안에도 있습니다. 심지어 교회 직분자들 가운데서도 불미스러운 일이 일어나고 있습니다. 간음은 사형에 해당하는 죄임을 잊지 마십시오. 그런데 얼마전 대법원에서 간통죄를 폐지하는 나쁜 결정을 해서 부부간의 관계를 파괴하고 있습니다. 악법인 것입니다.

또 하나님은 반항하는 자녀도 끌고 와서 죽이라고 하셨습니다. 이때의 반항이란 "엄마, 나 밥 안 먹을래" 하는 식의 단순한 거역이 아니라, 레위기에 나왔듯이 부모를 저주하고 구타하는 극악한 행동을 말합니다. 자녀가 부모에게 손찌검을 하면 사형감입니다. 그런 불효막심한 자는 동네 사람들이 돌로 쳐 죽여야 했습니다. 그런 사람을 죽임으로써 돌로 치는 자신에게 교훈하는 효과가 있었습니다. "나도 저런 죄를 지으면 이렇게 죽는다."

이런 형벌 제도는 하나의 예방책이었습니다. 부부간의 관계나 부모와 자녀 간의 관계에서 하나님은 이토록 철저하십니다.

저는 하나님이 왜 반항하는 자녀를 죽이라고까지 하셨는지를 묵상해 본 적이 있습니다. 지상에서는 부모가 자녀에게 하나님입니다. 하나님이 눈에 보이지 않으니까 눈에 보이는 부모를 통해 하나님의 뜻을 자녀의 삶에 펴 가는 것입니다. 부모에게 반항하면 잘 되는 일이 절대로 없습니다. 결혼도 그렇습니다. 부모의 뜻에 반(反)해서 결혼을 추진하는 것은 위험천만합니다. 부모가 적극적으로 반대하는 결혼은 천천히 추진하라는 하나님의 표시인 줄 알고, 인내심을 갖고 기도하면서 부모의 동의를 기다려야 합니다. 만일 하나님의 뜻이라면 부모의 마음을 움직이실 것입니다.

부모가 적극적으로 반대하면 잠시 중단하고 왜 부모가 반대하는지에 대해 하나님의 음성을 들어야 합니다. 부모가 도무지 말이 안 되는 것으로 반대하더라도 하나님이 그것을 통해 무엇인가 역사하실지도 모릅니다. 최소한 인내심을 길러 주려고 그런 어려움을 허락하시는지도 모릅니다. 무엇인가 하나님의 섭리가 있어서 부모가 그렇게 적극적으로 반대하는 것이므로 그때는 조심스럽게 주님의 음성을 기다리고 주님의 뜻을 찾아야 합니다.

부모와 자녀가 정면충돌할 때는 자녀가 져 줘야 합니다. 물론 부모가 옳지 않을 때도 있지만, 인간적으로 볼 때 부모는 자녀의 최선을 원합니다. 부모가 자신의 개인적인 경험이나 가치관 때문에 욕심을 부릴 수도 있습니다. 그러나 욕심을 부려도 자녀의 최선을 원합니다. 부모만큼 자녀의 최선을 원하는 사람은 없습니다. 그래서 부모에게 순종하는 사람은 복을 받게 되어 있습니다.

넷째로, 결혼은 영구적인 것이요, 이혼은 허용되지 않습니다(마 19:6; 롬 7:2). 하나님이 짝지어 주신 것을 사람이 나누지 못합니다. 하나님은 한 남자와 한 여자를 창조하셔서 처음부터 일부일처제를 확립하셨습니다. 기분 나쁘다고 이혼해서는 안 됩니다. 앞에서도 누누이 강조했지만, 죽자 살자 싸워도 이혼이라는 단어는 절대로 입 밖에 내서는 안 됩니다. 그 말 한마디가 입 밖으로 나가면 그때부터 허물 수 없는 벽이 생깁니다.

예전에 제가 한 부부를 상담했는데, 여자는 예수를 믿고 남자는 예수를 안 믿는 부부였습니다. 그런데 남자가 이혼을 요구하고 있었습니다. 가만히 얘기를 들어 보니까 이혼 얘기를 먼저 꺼낸 것은 여자 쪽이었습니다. 남편 쪽에서는 처음에는 이혼을 안 하겠다고 했습니다. 그런데 얼마 있다가 남편이 이혼하자고 적극적으로 나온 것입니다. 이제는 아내 쪽에서 안 하고 싶은데 남편 쪽에서 막무가내로 나오니까 할 수 없이 이혼하게 되었습니다. 믿는 여자가 이혼이라는 말을 먼저 꺼낸 것이 화근이었습니다. 물론 속상해서 그랬을 것입니다. 그러나 속상하면 속상하다고 해야지, 화나면 화난다고 해야지, 미우면 밉다고 해야지 이혼하자고 하면 절대로 안 됩니다. 이혼은 풀로 붙인 종이를 떼는 것같이, 떼어 냈을 때 상처가 너무 큽니다.

이제까지 한국 사회에는 결혼 문제를 상담할 수 있는 전문 기관이 부족했습니다. 지금은 많아진 편이나 그런 상담 기관이 교회에도 많이 생겨야 합니다. 그래서 부부간에 문제가 조금이라도 생기면 상담하고 어려운 고비에 도움을 받을 수 있어야 합니다. 아직 한국 교회에는 그런 시설이 잘 갖춰 있지 않기 때문에 문제 있는 부부들을 일일이 다 상담해 주지 못합니다. 대개 그들이 상담하러 올 때는 위험 시기의 시작이나 중간이 아니라 이미 끝났을 때입니다. 다 끝나고 와서 상담하니 희망이 없는 것입니다. 오늘이네, 내일이네 하는 막판에 목사에게 찾아오니 해결이 힘든 것입니다. 속히 전문 상담가들의 도움을 구해야 합니다.

결혼은 영구적이므로 이혼해서는 안 됩니다. 그런데 예외가 하나 있습니다. 바로 상대가 간음했을 때입니다. 간단한 행위 같아도 육적(肉的)으로, 성적(性的)으로 자신의 배우자를 배신하고 다른 남자나 여자와 간음했을 때는 이미 하나님 눈에서 벗어난 것입니다. 간음은 결혼의 줄을 끊는 행위입니다. 하나님의 눈에는 간음이라는 사건이 보통 심각한 것이 아닙니다.

간음은 이혼의 사유가 되지만, 배우자가 간음했다고 해서 꼭 이혼하라는 것은 아닙니다. "그렇지 않아도 밉고 속상하고 보기 싫었는데, 이거 참 잘됐다. 이혼하자. 나야 손해 볼 것 없지. 내가 예수를 믿지만 꼬투리를 잡았다고." 이런 식의 자세로 나가서는 안 됩니다. 예수님은 "너희 마음의 완악함 때문에" 모세가 이혼을 허락했지만(이혼 증서를 주어서 내버리라고 함), 본래는 그렇지 않다고 하셨습니다(마 19:6~8 참조). 하나님의 본래 의도는 이혼하지 않는 것인데, "간음의 경우 용서할 수 없다"는 인간의 완악함 때문에 이혼이 허락된 것입니다.

배우자가 부정(不貞)을 저질렀어도 회개하면 다시 받아들이고 용서할 수 있어야 합니다. 그것이 제일 좋은 방법입니다. 간음한다고 꼭 이혼해서는 안 됩니다. 기독교에는 용서가 있습니다.

다섯째로, 성경에는 가정생활에 대한 많은 교훈이 있습니다(엡 5:22~6:4; 고전 7장; 벧전 3:1~7). 이 교훈들을 통해 하나님이 가정을 얼마나 소중히 여기시는가를 알 수 있습니다. 교회의 힘은 많은 사람이 모여서 함께 통성 기도를 하고 찬송하는 데서 나오는 것이 아닙니다. 좋은 교회는 좋은 가정들이 모인 공동체입니다. 교회에 속한 가정마다 강건하고 평안할 때 교회는 건강해집니다. 가정에 속상한 일이 많아서 교회에 살다시피 하며 지나치게 열심히 봉사하고 예배에 빠지면 스트레스를 풀 수도 있습니다. 그러나 그런 교인들이 모여 뜨거운 집회를 갖는다고 교회가 좋아지는 것은 아닙니다. 교회를 도피처로 생각해서는 안 됩니다. 정말 건강한 교회는 가정들이 튼튼하게 선 교회입니다. 그래서 목회 철학 가운데 "가정 중심의 교회"가 점차 확산되고 있는 것입니다. "가정 같은 교회", "교회 같은 가정"이란 목표가 있는 것입니다.

당신의 가정이 잘 되어야 당신의 교회도 잘 됩니다. 교회는 각 가정이 잘 되기 위해 필요한 모든 원리와 방법을 하나님의 말씀을 통해 가르칩니다. 가정은 신앙의 생활화가 제일 먼저 이뤄져야 할 곳입니다. 우리가 대부분의 시간을 보내는 곳이 가정이기 때문입니다.

이런 얘기를 하면서도 '내가 혹시나 잘못하는 것인가' 하는 생각이 들 때가 있습니다. 요즘 한국 사회에서 많이 거론되는 말 가운데 하나는 바로 '가족 이기주의'입니다. 그래서 가정을 위한다고 할 때 '내 가족만 너무 생각하는 게 아닌가' 하는 죄의식이 생길 수 있습니다. 과거에 사회적으로 문제가 되었던 부정입학 사건에서도 드러났듯이 내 가족, 내 자녀를 위해 남을 희생시키는 것은 분명 가족 이기주의입니다. 그러나 가정을 건강하게 잘 돌보는 것은 하나님이 원하시는 일입니다.


## 하나님이 세우신 가정의 질서

가정은 세 그룹, 즉 남편과 아내와 자녀로 나뉩니다. 남자는 하나님이 본래 계획하실 때부터 남편과 아버지,

즉 가정의 가장(家長)으로 만드셨습니다. 이런 근본원리를 인정해야 합니다.

미국에서는 자전거를 팔 때 부품별로 분해된 상태로 박스에 넣어서 팝니다. 자전거를 구입해서 집에서 맞추는 것입니다. 그런데 제가 아이들 자전거를 조립했을 때, 부품이 남으면 안 되는데 몇 개가 남았습니다. 그것들을 어디에 조립해야 할지 통 알 수 없었습니다. 이것쯤이야 하고 그 제품을 만든 기술자의 자세한 설명이 담긴 설명서를 보지 않았기 때문입니다. 컴퓨터나 다른 전자 제품을 사용할 때도 설명서를 잘 봐야 합니다. 마찬가지로 가정도 하나님이 창조하실 때 설명서를 첨부하셨습니다. 이 설명서대로 따르면 틀림없습니다. 그러나 어느 것 하나라도 설명서를 따르지 않으면 문제가 생깁니다.

그러면 하나님의 설명서에는 뭐라고 씌어 있을까요?

## 남자에게 주어지는 가장의 역할

첫째, 가장은 가정의 행정적 책임자입니다. 행정적 책임자는 독재자가 아니라, 모든 구성원들을 잘 이끌어 가는 사람입니다. 군주처럼 혼자서 마음대로 행동하는 사람은 독재자입니다.

둘째, 가장은 사랑의 주도자입니다. 에베소서 5장 25절을 보면 "남편들아 아내 사랑하기를 그리스도께서 교회를 사랑하시고 그 교회를 위하여 자신을 주심같이 하라"고 하면서 사랑의 책임을 남자에게 지워 놓았습니다. 이것이 남자들의 고민입니다. 대개 남자는 사랑과는 별로 상관없이 살기 때문입니다.

남자아이들은 어릴 때부터 총싸움과 전쟁놀이를 합니다. 반면에 여자아이들은 인형을 가지고 입히고 먹이고 세수시켜 줍니다. 어려서부터 전쟁놀이를 하며 자란 남자에게 사랑의 주도권을 가지라고 하니 문제가 많습니다. 그래서 남편들은 그저 사랑 같은 것은 아내에게 맡겨 놓고, "나는 밖에 나가서 일하고 월급 갖다 줄 테니 나를 괴롭히지 말고 알아서 하라"는 식으로 행동합니다. 한국적인(동양적인) 남자의 실상이 이러한데 성경은 사랑의 주도자가 남편이라고 하니, 남자들이 어떻게 해야 할지 몰라 당황하고 있습니다.

남자가 사랑의 주도자로 가정에서 사는 것을, 즉 집에서 아버지가 어머니를 사랑하는 것을 본 적이 없습니다. 듣기는 많이 들었는데 보고 경험한 적이 없습니다. 저는 부모님과 12년밖에 같이 살지 못했는데, 아버지가 어머니에게 사랑한다고 표현한 기억이 거의 떠오르지 않습니다. 저만 그런 것이 아닙니다. 어릴 때 친구들 집에 가 보면 아버지들은 늘 신문을 보거나 밖에 나가 앉아 있었습니다. 또는 늦은 시간이 돼서야 주무시려고 들어왔습니다.

우리의 문화가 그렇습니다. 예수 믿는 사람도 다를 바가 없습니다. 학생 때 제가 다니던 교회의 목사님을 보더라도 그분이 자신의 아내나 가족을 사랑한다는 것을 느낄 수 없었습니다. 거룩한 목사일수록 아내를 사랑하지 않는 것처럼 처신해야 교인들에게 은혜가 된다고 생각해서 그랬나 봅니다. 남자가 아내를 사랑하는 모습은 대범하지 못하게 보는 것이 한국 사회의 풍토 아닙니까? 그런데 하나님은 가장이 사랑의 주도자라고 하십니다. 사랑이라는 책임을 여자가 아닌 남자에게 지우셨습니다.

사랑의 주도자가 되는 훈련은 어려서부터 해야 합니다. 주일학교에서부터, 아니 가정에서부터 아버지에게서 배워야 합니다. 사랑의 주도권을 행사하고 사랑의 모습을 행동으로 보여주는 아버지를 통해 어떻게 사랑하는지를 경험하면, 자연스럽게 사랑의 주도자로서의 태도를 배우게 됩니다. 자녀들이 아빠와 남편의 모습을 저절로 배우게 됩니다.

가정에서 아들을 어떻게 교육시키느냐가 참으로 중요합니다. 집에서는 전혀 본 적이 없는데 일주일에 한 번 교회에서만 얘기한다고 해서 남자들의 삶의 태도가 바뀔 수는 없습니다. 가정에서 사랑의 주도권은 남자에게 있습니다. 성경은 "남편들이여, 아내를 사랑하라"고 했습니다.

셋째, 가장은 가정의 영적 주도권을 가진 제사장입니다(엡 5:25~27). 그런데 지금 한국 교회에는 이것이 잘 이뤄지지 않아서 걱정입니다. 이것 역시 어려서부터 집에서 아버지가 아이들을 영적으로 키우려고 애쓰는 것을 봤다면 자연스럽게 이뤄질 수 있습니다.

넷째, 가장은 가정의 경제적 책임자입니다. 성경은 이에 대해 아주 충격적일 만큼 엄중하게 경고하고 있습니다.

"누구든지 자기 친족 특히 자기 가족을 돌보지 아니하면 믿음을 배반한 자요 불신자보다 더 악한 자니라"(딤전 5:8).

여기서 '누구든지'는 '어느 남자든지' 또는 '어느 남편이든지'라고 해야 정확한 표현입니다. 본래 원문에 그렇게 되어 있습니다. "어느 남자든지 자기 친족 특히 자기 가족을 돌보지 아니하면." 여기서 '돌본다'는 것은 경제적으로 돌보는 것을 말합니다. 자신의 가족을 돌보지 않으면 믿음을 배반한 자요, 불신자보다 더 악한 자라고 했는데, 영어 성경(KJV)을 보면 "불신자보다 더 악하다"가 "worse than infidel"로 나와 있습니다. 'infidel'은 그냥 불신자가 아니라 나쁜 불신자를 뜻합니다. 저는 이 부분이 가장 충격적이었습니다.

50평짜리 아파트를 사 주라는 얘기가 아닙니다. 또 아내가 가정경제를 도우면 안 된다는 얘기도 아닙니다. 남자가 경제적인 면에서 철저한 책임감을 느끼는 가운데 자기 몸이 부스러지더라도 아내와 자녀들이 살 수 있도록 애써야 한다는 것입니다. 그런 모습을 볼 때 아내와 자녀들은 안심합니다. 아빠가 노력하는데도 여러 여건 때문에 계속 가난하다면 자녀들은 불평하지 않습니다. 집안이 가난하기 때문에 아이들이 불평하는 것이 아닙니다. 아빠가 책임감을 갖고 뼈를 깎는 희생을 보이지 않을 때, 아내가 실망하는 것은 물론 자녀들도 그런 아빠를 존경하지 못합니다.

하나님의 설명서대로 하지 않으면, 즉 남편이 가정경제에 대해 책임을 지지 않으면 가정을 이끌어 갈 수 있는 주도권을 아내에게 빼앗길 수도 있습니다. 아내가 가장 행세를 하기 시작하면 그때부터 그 집안에는 문제가 많이 일어날 수 있습니다.

다섯째, 가장은 가정의 보호자입니다.

"남편들아 이와 같이 지식을 따라 너희 아내와 동거하고 그를 더 연약한 그릇이요 또 생명의 은혜를 함께 이어받을 자로 알아 귀히 여기라 이는 너희 기도가 막히지 아니하게 하려 함이라"(벧전 3:7).

하나님이 남자에게 육체적으로 강건함과 힘을 주신 것은 가정을 잘 보호하라는 뜻에서입니다. 아내는 연약한 그릇이라고 했습니다. 이것은 여자가 열등하다는 뜻이 아닙니다. 여자와 남자는 모습부터 벌써 다르게 창조되었습니다. '여자'라는 단어에는 '부드럽다'는 뜻이 들어 있습니다. 그런 맥락에서 남자에게는 아버지, 남편, 가장으로서 아내와 가정을 육적으로, 영적으로 보호하는 역할이 주어졌습니다.

남자아이들이 이런 것들을 어려서부터 아버지를 통해 보고 배우면 훗날 결혼해서도 아버지가 한 대로 할 것입니다. 가정들이 이렇게 이뤄져 간다면 교회도 훌륭하게 서 갈 것이며, 그런 가정들은 나아가 훌륭한 국가와 민족의 기반이 될 것입니다.


## 여자는 도움을 주는 존재

먼저 아내는 남편을 따르는 협력자요, 가장 가까운 친구입니다 (창 2:18, 24; 고전 11:3, 7, 9, 11~12; 엡 5:22~24; 골 3:18; 벧전 3:1, 5~6). 영어 성경에는 '돕는 배필'이라는 말이 'helpmeet'라고 되어 있습니다. 즉, '남자에게 가장 적합한 협조자'라는 뜻입니다. 남자에게 그 이상 더 적합한 사람이 없을 만큼 꼭 맞는 돕는 자요, 같이 생활할 수 있는 사람이라는 것입니다. 그런데 여기서 '협조자'라는 말이 중요합니다. 이 단어에는 여성의 장점과 특징과 가치가 반영되어 있습니다. 성령도 도우미(the helper)이십니다.

일반적인 관찰을 통해서도 알 수 있지만, 남에게 도움을 주면서 사는 사람들 가운데 불행한 사람은 없습니다. 매일 남에게 도움의 손길을 펴면서 사는 사람은 언제나 행복합니다. 그런 사람들은 고민할 시간이 없습니다. 남을 돕는 것을 사명과 은사라고 느끼기 때문입니다. 남자든 여자든 남을 도우며 사는 사람은 보람이 있습니다. 그러나 남의 도움을 받고 사는 사람들은 마음 한구석이 찜찜합니다. 늘 빚진 것 같고 자신이 모자란 것 같습니다. 늘 도움만 받고 살기 때문입니다. 누군가 나를 행복하게 해 줘야 한다고 생각하는 사람들은 행복할 수가 없습니다. 이것은 일반적인 원리이면서도 특별히 아내와 어머니인 여자에게 해당하는 원리입니다.

하나님은 남자를 사랑으로 다스리는 행정 책임자로, 여자를 도움을 줄 수 있는 최고의 사람으로 만드셨습니다. 그러므로 "나는 왜 만날 남을 도와주면서 살아야 하지? 나도 좀 도움을 받아야지, 왜 여자한테만 도우라고 그러는 거야? 남자는 돕지 않아도 된다는 건가?" 하며 불만을 품어서는 안 됩니다.

종(鐘)은 그 종을 칠 때 가장 신바람 납니다. 아무도 쳐 주지 않고 그냥 묵혀 있으면 종은 종으로서의 가치를 잃게 됩니다. 컵은 반드시 그 속에 물이 들어 있어야 하고, 그 들어 있는 물을 누군가 마실 때 비로소 컵으로서의 특징과 장점을 나타내게 됩니다. 그것이 컵의 사명과 의미와 가치에 부합되는 것입니다. 마찬가지로 아내는 교회에서 말씀을 배우면서 "아! 나에게는 본래부터 도와줄 수 있는 능력이 주어져 있구나. 도와주는 것이 나의 본연의 역할이요, 도와줌으로써 나의 가치가 나타나는구나!" 하고 깨닫고, 그 부분을 더 계발할 때 행복하게 살 수 있습니다.

열이 펄펄 나는 자녀를 끌어안고 꼬박 밤을 새울 수 있는 남자가 과연 몇 명이나 있을까요? 아마 별로 없을 것입니다. 그런데 여자들은 본능적으로 그렇게 할 수 있습니다. 저도 제 아내를 보고 놀란 적이 있습니다. 저 조그마한 여자의 어디에서 저런 힘이 나오는가 하고 말입니다. 그런 것을 보더라도 하나님이 여자를 만드실 때 섬기고 도울 수 있는 능력을 풍부하게 주셨음에 틀림없습니다.

애초부터 하나님이 나를 돕는 자로 창조하셨기 때문에 남을 돕는 데 필요한 모든 것이 내 속에 있다는 사실을 인식하는 것이 중요합니다. 만날 나만 챙겨 달라고 하는 사람들은 여자로서의 역할을 못하는 것입니다.

둘째, 아내는 가정의 관리자입니다(잠 31:27; 딤전 5:14; 딛 2:4~5; 벧전 3:1~6). 결국 가정을 지키고 이끌어 가는 중추적 역할은 아내의 몫입니다. 그러나 아내가 가정의 대표자, 가정의 책임자는 아닙니다.

가정을 지키고 인도하는 것은 보통 특권이 아닙니다. 어머니는 자녀들의 생명과 건강과 학업에 영향을 줍니다. 어머니가 미치는 영향은 참으로 큽니다. 키가 6~7척이나 되는 남자도 '어머니'라는 말 앞에서는 눈물을 뚝뚝 흘립니다. 그러나 '아버지'라고 했을 때 눈물을 흘리는 사람을 저는 못 봤습니다. 그만큼 인간 형성에 거의 절대적인 영향을 주는 존재가 어머니입니다.

그러므로 "어쩌다 팔자가 사나워서, 전생에 무슨 죄가 있어서 여지로 데이'났니?" 히는 테도는 기독교혀이지 않습니다. 오히려 "여자들은 특별한 은혜를 받았다. 하나님이 나에게 그 특권을 주셨다"고 생각해야 합니다. 여자로서의 특권 의식을 지녀야 합니다. 자신의 역할과 모습을 받아들일 때 자신 있고 만족하는 삶을 살 수 있습니다. 자신의 본분에 대해 확신 있는 사람들은 얼굴에 벌써 그런 것이 나타납니다.

셋째, 아내는 사랑과 존경의 대상입니다(출 20:12; 잠 31:28~29; 엡 5:25; 골 3:19; 벧전 3:7). 아내는 남편의 사랑을 받을 대상입니다. 남편은 목숨을 내놓고 아내를 사랑해야 합니다. 또한 여자는 자녀들의 존경을 받는 대상이며, 남편의 칭찬을 받는 대상입니다. 성경 말씀대로 여자는 그 본연의 모습을 보일 때 자녀와 남편에게 사랑의 대상이 됩니다.

## 자녀는 하나님의 선물

먼저 자녀는 부모를 사랑하고 공경하며, 부모의 말에 순종해야 합니다(출 20:12; 엡 6:1~3). 그렇다고 자신의 생각은 전혀 없이 로봇처럼 이러라면 이러고, 저러라면 저러라는 것이 아닙니다. 하나님이 원하시는 일이고, 내가 부모를 사랑하기 때문에 적극적이고 자발적으로 공경하고 순종해야 하는 것입니다.

둘째, 자녀는 하나님이 특별한 은총으로 우리에게 주신 기업이요, 선물입니다(시 127:3). 그러니 자녀는 얼마나 귀한 존재입니까? 하나님이 나에게 주신 특별한 선물이므로 자녀를 귀하고 소중히 여겨야 합니다. 그런 신앙의 눈으로 자녀를 본다면 심한 욕을 함부로 할 수 없을 것입니다. 신앙이 있는 사람은 그렇게 할 수 없습니다.

그런데 자녀에게 심한 욕을 하는 사람들을 보면 자신의 부모에게서 그런 욕을 듣고 자란 사람들이 많습니다. 수십 년 동안 그런 욕을 들어 왔기 때문에 자신도 모르게 본능적으로 욕하고 마는 것입니다.

우리가 좋은 남편과 좋은 아내의 역할, 좋은 아버지와 좋은 어머니의 역할을 하는 것은 후대에 자자손손 영향을 끼칩니다. 각자의 태도와 모습이 가풍(家風)을 이루기 때문입니다.

미국에 있을 때 본 한 가정의 모습이 기억납니다. 아내 되는 사람은 좋은 가정에서 자랐습니다. 부모님이 서로 사이가 좋고 자녀들과의 관계도 좋은, 아름다운 가정의 출신이었습니다. 그러나 남편은 그렇지 못했습니다. 둘 다 우수한 대학에서 박사 학위까지 받고 결혼했는데, 결혼하고 나서 보니까 이 여자로서는 상상도 못할 욕을 남편이 자녀에게 하는 것이었습니다. 게다가 남편은 아이를 학대로 구타했습니다. 알고 봤더니 남편이 자신의 아버지에게 그렇게 맞고 자란 것입니다. 여자는 크게 실망했습니다. 겉으로 보기에는 멀쩡한 사람인데 어릴 때부터 가정에서 받은 상처가 있어서 이따금 발동이 걸리면 난폭해지는 것이었습니다.

아이는 결국 부모가 만드는 것입니다. 가정의 어려운 문제들을 상담해 보면 부모에게 문제가 있는 경우가 많습니다. 부부 사이에 문제가 있으면 아이들에게 영향이 갑니다.

자녀를 주님이 내게 맡겨 주신 기업이요 선물로 알고, 소중하고 귀하게 여기며 잘 양육해야 합니다. 하나님의 선물을 잘 관리해야 합니다. 부모가 본을 보이면서 자녀를 잘 기를 때 자녀의 삶에 행복이 있습니다. 그 후에도 자녀는 집에서 수십 년 동안 보고 들은 대로 살아서 하나의 가풍이 형성됩니다. 그리고 이런 가풍들이 모여서 결국 가정 문화가 이뤄집니다.

자녀는 하나님이 주신 상급입니다(시 127:3). 또한 자녀는 전통(箭筒)에 가득한 화살과 같습니다(시 127:4). 화살 통에 화살이 잔뜩 들어 있는 용사는 어디를 가든 이길 것 같아 마음이 든든합니다. 마찬가지로 부모가 자녀들을 바라볼 때도 마음이 든든합니다. 자녀는 존중하고 영향을 주고 보호해 줘야 할 대상입니다.

자녀는 축복입니다. 그런데 어떤 부모들은 자녀를 저주로 여깁니다. 대개 자녀가 부모의 의도와 다르게 나갈 때 그렇습니다. 그러나 자녀는 물건이나 기계가 아닙니다. 자녀는 나름대로 가치관이 서 있고 자기 의지를 가지고 있어서 반드시 부모가 원하는 대로만 되는 것이 아닙니다. 다 큰 자녀를 어찌할 도리가 없습니다.

제가 아는 목회자는 자녀가 잉태되기 전부터 아내와 함께 자녀를 위한 기도를 시작했다고 합니다. 잉태되기 전부터 하나님 앞에서 자녀를 놓고 기도하고, 잉태되었을 때 기도하고, 배 안에서 아이가 자랄 때 기도하고, 낳자마자 그 아이를 위해 기도하고, 그 다음에는 그 아이와 함께 기도하면서 기도를 가르쳤다는 것입니다. 그렇게 했는데 그 아이가 하나님의 복을 받지 않을 수 있겠습니까? 이렇게 여유 있게 자녀를 훈육해야 합니다.

그러나 18세쯤 된 자녀는 이미 자신의 생각이 굳어져 있습니다. 때려 가면서 바로잡기엔 이미 늦은 나이입니다. 초등학생까지는 체벌이 효과가 있습니다. 그러나 중학생이 된 이후에 때리면 오히려 역효과가 납니다. 속상한 것은 이해되지만 다른 방법을 강구해야 합니다. 손으로 뺨을 때리는 일은 절대로 해서는 안 됩니다. 수치감과 모욕감을 주기 때문입니다. 회초리로 종아리나 손바닥을 때리는 체벌을 할 수는 있지만 손으로 뺨을 때리는 것은 극심한 인간적인 모욕감과 수치감을 불러일으키기 때문에 도움이 안 됩니다. 매가 아니라 손과 같은 신체를 사용하여 때리는 일은 피해야 합니다.

셋째, 자녀는 하나님께 드리는 선물입니다(삼상 1:11, 27~28). '아이를 잘 키우면 내가 노후에 고생 안 하겠지' 하는 생각을 해서는 안 됩니다. "주님이 나에게 주신 이 자녀를 정성껏 기르겠습니다. 주님이 이 아이를 써 주시옵소서. 은행에서 써 주시든지, 학교에서 써 주시든지, 관공서에서 써 주시든지, 아니면 목사로 써 주시든지 주님께 드리오니 주님이 이 아이를 통해 영광 받으소서." 이런 자세로 아이를 키워야 합니다.

부부는 하나님의 질서를 따라 살고 하나님의 목적을 수용함으로써 그 혜택과 축복을 누릴 수 있습니다. 가정을 만드신 하나님이 무엇이 가정에 필요한지 가장 잘 아시지 않겠습니까? 하나님은 우리를 창조하셨기 때문에 우리를 제일 잘 아십니다.

가정에서는 하나님이 정하신 지도자의 지도 아래 모두가 살아가게 되어 있습니다.

"각 남자의 머리는 그리스도요 여자의 머리는 남자요 그리스도의 머리는 하나님이시라"(고전 11:3).

아내에게만 머리가 있는 것이 아니라 남편에게도 머리가 있고, 심지어 그리스도에게도 머리가 있습니다. 남편은 그 머리인 그리스도에게 순종해야 합니다. 남편에게는 그리스도와 그리스도의 말씀에 순종하여 자신의 가정을 다스릴 책임이 있습니다.

"자녀들아 모든 일에 부모에게 순종하라 이는 주 안에서 기쁘게 하는 것이니라"(골 3:20).

부모에게 순종하는 것은 하나님을 기쁘시게 하는 것입니다.
지금까지 살펴본 것을 도표로 나타내면 다음과 같습니다.

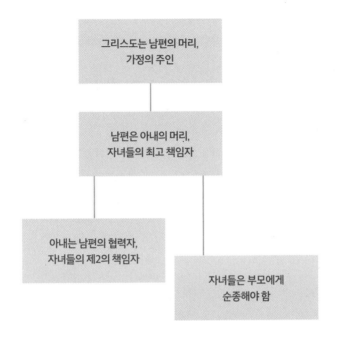

그리스도는 남편의 머리이며 가정의 주인이십니다. 남편은
가정의 행정적 책임자입니다. 아내의 머리이며, 자녀들에 대한
최고의 책임자입니다. 그런데 아내에게 "당신이 알아서 하라고.
왜 애들 문제까지 나한테 물어보고 그래? 직장에서도 골치 아픈
데, 집에까지 와서 시달려야 해? 당신이 아이를 잘못 키워서 그
런 거 아니야!"라고 하며 책임을 회피하는 남편들이 있습니다.

그러나 그런 말은 하나님께는 안 통합니다. 자녀 양육의 최고 책임자는 아버지이기 때문입니다. 하나님이 가정에서 남자에게 주신 임무가 무엇인지를 알아야 합니다.

아내는 남편의 협력자이며 자녀들의 제2의 책임자입니다. 그리고 자녀들은 부모에게 순종해야 합니다. 이것이 하나님의 가정관입니다. 이 질서가 가정에서 행해질수록 그 가정은 행복한 가정, 복된 가정이 될 것입니다. 가정에 어려움이 있을 때 이 청사진을 놓고 조사해 보면 어느 쪽에서 어디가 잘못되었는지 틀림없이 보일 것입니다.

남편은 그리스도의 지도를 받으며 그분 앞에서 가정을 지도하고 돌봐야 하는 책임을 집니다. 총책임을 지는 것입니다. 아내는 남편의 지도를 받으며 가정의 질서를 유지하고 자녀들을 돌보는 책임을 남편 앞에서 집니다. 그리고 자녀들은 부모의 지도를 받습니다.


# 가정생활에
# 성공하려면

⋮

### 서로 존경하라

존경한다는 것은 상대의 가치를 인정해 준다는 것입니다. 상대방이 귀한 존재라는 사실을 인정하여 그 가치를 부여해 놓고, 거기에 따라 행동하는 것이 존경입니다. 바울은 아내는 남편을 존중하고 남편들은 아내를 사랑하라고 권면하면서, 그리스도 안에서 서로 존중하라고 했습니다(엡 5:21). 또 남편은 사랑으로 아내를 "양육하여 보호하라"(엡 5:29)고 했습니다. 이 표현이 영어 성경에는 "nourishes and cherishes"라고 되어 있는데, 보물을 다루듯 조심스럽고 귀하게 다루라는 뜻입니다. 그것이 존경입니다. 상대방을 있는 그대로 수용하고 그의 가치를 받아들여야 합니다. 그런데 이것은 실제로 행하기가 참 어렵습니다. 하나님의 은혜를 구하고 성령 충만한 상태가 되어야 그렇게 할 수 있습니다.

저는 결혼 주례를 설 때 부부간의 사랑을 강조하면서 먼저 상대방을 있는 그대로 수용하고, 그 사람의 모습을 바꾸려고 하지 말라고 권면합니다. 신혼부부들은 대개 1~2년 정도가 지나면 상대방에게 압력을 가하고 야단도 치고 싸움도 하면서 인간 개혁운동을 합니다. 상대방을 자기 틀에 맞게 바꿔 보려고 하는 것입니다. 그러나 그런 시도는 하면 할수록 실패입니다. 절대로 성공하지 못합니다. 인간은 하나님만이 변화시키실 수 있습니다. 배우자를 수용하는 훈련은 보통 훈련이 아닙니다. 이 첫 단계가 잘되면 그때부터 그 가정에는 사랑이 느껴지기 시작합니다.

## 하나님이 정해 주신 책임을 이해하라

각자 자신의 책임이 무엇인지 알아야 합니다. 내가 가정에서 아빠와 남편으로서 해야 할 일이 무엇이며 아내로서의 책임이 무엇인지, 그리고 자녀로서의 책임이 무엇인지를 정확히 알아야 합니다.

그런데 여성운동을 하는 사람들은 하나님이 계획하신 남자와 여자의 특성을 인정하지 않으려고 합니다. 미국의 경우, 여자가 여자로서의 역할을 하지 않고 남자가 남자로서의 역할을 하지 않으니까 가정 문제가 심각합니다. 이제 우리나라도 점점 그런 시대를 맞고 있는 것처럼 보입니다.

여성에 대한 연구를 많이 해야 합니다. 그러나 걱정스럽게도 여성 연구 단체들이나 여성의 권리를 주장하는 단체들이 미국의 여성 이론을 배워서 퍼뜨리고 있습니다. 그 이론들은 미국의 가정을 파탄시킨, 이미 실패한 이론들입니다.

불신자들의 여성운동이 가정을 파괴하는 방법으로 가고 있기 때문에 미국에서는 기독교 여성운동을 따로 전개하고 있습니다. 여성운동을 하는 사람들은 여성과 남성을 동등하다고 주장합니다. 물론 가치나 권리에서 동등합니다. 그러나 역할은 다릅니다. 예수님도 하나님 아버지와 동등하십니다. 그러나 역할은 다릅니다. 성경에서 그리스도의 머리는 하나님이시라고 했습니다.

미국의 여성운동은 남녀의 역할이 다르다는 것을 인정하지 않습니다. 그래서 기독교계에서는 이대로 됐다가는 세속적 여성운동이 교회에까지 몰려 들어와서 가정을 망치겠다는 경각심에서, 사모(師母)들 몇 분이 나서서 성경에 바탕을 둔 기독교 가정운동을 대대적으로 벌이게 되었습니다. 이 운동은 여성 본래의 참된 모습을 보여 주자는 운동입니다. 한국에도 기독교 여성들이 일어나서 참된 여성운동을 보여 줘야 할 때가 올지도 모릅니다.


## 행복한
## 가정이란

:　　　　　　행복한 가정의 성경적인 모습에는 먼저 예수를 믿는 남편이 있습니다. 아버지로서 주어진 권위를 사랑으로 행사하여 가정을 하나님이 원하시는 방향으로 이끌어 갑니다. "내가 가장이니까 내가 이 집안의 왕이야" 하는 자세가 아니라 권위를 사랑으로 행사하는 것입니다. 그리고 가정을 하나님이 원하시는 방향으로 이끌어 가는 것입니다.

둘째로, 예수를 믿는 아내입니다. 어머니로서 그리고 남편의 협력자로서의 역할을 하나님이 주신 역할로 수용하고, 행복하고 질서 있는 가정을 만들어 갑니다. 하나님이 주신 역할을 수용하는 것이 중요합니다. 하나님이 주신 역할을 망각하거나 저버리면 문제가 일어납니다.

셋째로, 예수를 믿는 자녀입니다. 자녀는 부모를 사랑하고 공경하며, 부모에게 순종합니다. 부모가 사랑, 공경, 순종, 이 세 가지를 어려서부터 잘 가르쳐서 자녀들이 부모를 잘 섬기면 하나님은 반드시 그 아이들에게 복을 주십니다. 부모를 공경하는 것은 약속이 있는 첫 번째 계명입니다. 남편에게는 아내 사랑, 아내에게는 남편 존경, 자녀에게는 부모 공경과 순종. 각자 행복한 가정을 위한 기본기를 배우고 훈련해야 합니다.

# 결혼의
# 현실적인 문제들

⋮                        클리블랜드 맥도날드(Cleveland McDonald)는 행복하게 사는 가정들을 연구, 조사했습니다. 그리고 그 가정들이 행복할 수 있는 요소로 성경적 기초 외에 사회적, 문화적 요소들을 13가지로 정리했습니다.

### 1. 상대의 몸과 감정에 대한 이해

남자가 여자의 몸이 어떻게 구성되어 있고 어떻게 기능하는지를 모르면 부부 사이의 성적(性的) 관계가 원만하지 못할 수 있습니다. 여자도 마찬가지입니다. 상대방의 신체 구조와 특성을 잘 모르면 상대방이 피해를 입고 고통을 당합니다. 생물학적 특징

외에도 상대방 성(性)의 감정적 특성도 제대로 이해하고 있어야 합니다. 이렇게 사람 자체를 잘 이해하면 거기에 맞춰서 행동하고 스스로를 적응시킴으로써 서로 행복할 수 있습니다. 이런 면에서 무지하면 부부 생활에 지장이 있습니다.

## 2. 성(性)에 대한 건전한 태도

성(性)을 악한 것이나 더러운 것이나 창피한 것으로 보지 않고, 성경에서 말하는 하나님이 창조하신 성에 대한 건전한 태도를 지녀야 합니다.

## 3. 부모의 동의

결혼하려면 부모가 동의해야 합니다. 양가 부모가 인정하는 결혼을 해야지, 부모가 반대한다고 그저 둘이 뛰쳐나가서 결혼하면 온전한 가정을 이룰 수 없습니다.

## 4. 영적 거듭남

예수 그리스도를 개인적으로 만나 나의 구주로 모심으로 말미암아 영원한 영적 생명을 받고 소유하고 살아야 합니다. 그래야 자녀를 봐도 하나님의 눈으로 보고, 배우자를 봐도 하나님의 눈으로 보면서 가정을 향한 하나님의 뜻이 무엇인가를 찾을 수 있습니다.

## 5. 성격의 조화

성격이 똑같거나 비슷해야 한다는 말이 아닙니다. 부부간에 성격이 비슷하면 재미가 없습니다. 똑같은 사람끼리 무슨 재미가 있겠습니까? 달라야 다양성이 있습니다. 단, 이때 조화가 이뤄져야 합니다. 한쪽의 특성을 무시하면 안 됩니다. 서로 존중해야 합니다. 어떤 성격이 더 좋다는 것은 없습니다. 다 장점과 단점이 있습니다.

## 6. 문화적 배경의 조화

문화적 배경이 너무 차이가 나면 문제가 생길 수 있습니다.

## 7. 교육 과정의 조화

교육 정도가 비슷한 것이 결혼 생활에 유익합니다. 너무 차이가 나면 조화가 어렵습니다.

## 8. 유사한 신앙의 배경

유사한 신앙이 중요합니다. 참새와 물고기는 같은 공간에서 함께 살기 힘듭니다.

## 9. 가정 배경의 조화

가정 배경도 어느 정도 조화가 되어야 결혼 생활을 하기가 좋습니다. 너무 큰 차이는 이질감을 일으킵니다.

## 10. 책임을 질 수 있는 연령과 성숙도

자신의 책임을 완수할 수 있는 연령이 되어야 하고, 또 그만큼 성숙해야 합니다. 아무리 예수 잘 믿고 나이가 찼어도 가정경제를 부양할 만한 준비가 되어 있지 않다면 결혼을 보류해야 합니다. 남자에게는 가족을 부양할 책임감과 준비가 필요합니다. 결혼은 현실인데 대책 없는 결혼은 위험합니다.

## 11. 종족적 배경의 조화

아무래도 종족(민족)이 같은 것이 더 좋습니다. 같은 종족끼리 결혼해도 문제가 많은데, 언어와 문화가 다르면 몇 배의 노력이 필요합니다.

## 12. 원만한 대화

결혼 생활의 성공을 위해 원만한 대화는 거의 절대적으로 필요합니다. 대화는 배워야 합니다.

## 13. 서로를 위한 노력과 사랑

무엇보다 배우자와 조화를 이루려는 노력과 사랑이 있어야 합니다.

하나님이 계획하신 대로 살지 않으면 인간은 행복할 수 없습니다.
성경적인 남편과 아버지의 역할을 알고
그대로 따라가야 합니다.

# 남편과 아버지의
# 두 날개를
# 펼치십시오

## 자신의 역할을
## 아는 것이 중요하다

: 　　　　　　　자신의 위치와 역할을 아는 것, 즉 내가 누구
인지를 정확히 아는 것은 대단히 중요합니다. 자신을 알면 아는
대로 행하면 됩니다. 그런데 자신의 역할을 잘 이해하지 못해서
무엇을 어떻게 해야 할지를 모르기 때문에 문제가 일어납니다.

　우리는 그동안 유교적 전통과 한국의 문화적 배경 때문에 예
수를 믿으면서도 성경적인 아버지, 성경적인 남편보다는 한국적
인 아버지, 한국적인 남편의 모습을 더 많이 봐 왔습니다. 그러나
예수 믿는 사람들은 먼저 하나님의 자녀요, 그 다음에 한국 사람

입니다. 만일 성경과 문화가 상충하면 우리는 성경을 택해서 성경적이고 신앙화된 생활을 해야 합니다. 하나님이 계획하신 대로 살지 않으면 인간은 행복할 수 없습니다. 성경적인 남편과 아버지의 역할을 알고 그대로 따라가야 합니다.

우리 사회의 문제 가운데 하나는 남자가 자녀들의 성장에 관한 책임을 주로 아내에게 맡기고, 아버지의 역할과 책임을 제대로 수행하지 않는다는 사실입니다. 이것은 우리나라뿐 아니라 미국에서도 마찬가지입니다. 미국에서도 아버지가 자신의 역할을 제대로 못하기 때문에 가정에 문제가 많이 일어납니다.

대개 아버지들은 하루 종일 밖에 나가서 일하니까 집에 돌아와서는 아이들에게 신경을 쓰려고 하지 않고, 아내에게 책임을 다 떠맡깁니다. "월급 꼬박꼬박 갖다 줄 테니 알아서 하고, 그 이상 나를 귀찮게 하지 마라"는 식입니다. 어느 나라를 막론하고 아버지들은 대개 이렇습니다.

그런데 "나는 밖에서 8시간 일하고 왔으니까 아이들까지는 신경 못 쓴다"고 하는 남자들은 한 가지 오해를 하고 있는 것입니다. 자신이 일할 동안 아내는 집에서 아무 일도 안 하고 놀았습니까? 그런 남자들은 집안일을 '일'로 생각하지 않기 때문에 밖에서 일한 자신은 집에 와서 아무것도 안 하고 쉬어도 된다고 생각합니다. 그러니 자녀 양육은 당연히 아내 몫이 되는 것입니다. 그래서 아이가 잘못되면 "당신이 잘못 키워서 그렇다"고 아내에게 책임을 전가하는 남편들이 많습니다. 돈 벌어다 준 것으로 책임을 다했다고 생각하는 것입니다. 이렇게 남자들이 자신의 책임을 물질적인 데 국한하고, 자녀의 성장에 대한 책임을 지려고 하지 않는 것이 우리의 문화입니다.

저희 아버지는 늘 밤늦게 들어오셨습니다. 아버지와 함께 대화한 기억이 나지 않습니다. 아들에게는 참 불행한 일입니다. 아들은 남자 모델인 아버지를 통해 아버지상(像)과 남자로서의 역할을 눈으로, 귀로 직접 배워야 합니다.

교회 안의 남자들이 성경에서 말하는 남편과 아버지로서의 역할을 해 오지 못한 것이 우리의 현실입니다. 물론 예외는 있으나, 일반적으로 그렇다는 것입니다. 행복한 기독교 가정을 위해 성경적인 남성상, 성경적인 남편상, 성경적인 아버지상을 확립해야 합니다. 하나님이 계획하신 대로 살면 틀림없기 때문입니다.

역할이란 주어진 지위(위치)를 갖고 있는 사람에게서 기대하는 행동입니다. 아버지에게는 아버지라는 위치에 맞는 역할이 있고, 어머니에게는 어머니로서의 역할이 있는데, 어머니와 아버지의 역할은 성경에 분명하게 나타나 있습니다. 역할은 상호 관계를 결정합니다. 그리고 설정되는 상호 관계에 따라 그 책임이 따르기 마련입니다. 이제 성경적인 아버지와 남편의 역할과 책임을 살펴보겠습니다.

에베소서 5장 23~33절을 보면, 하나님이 주신 남편의 사명

두 가지가 제시되어 있습니다.

첫째, 남편은 그리스도께서 교회의 머리 됨과 같이 아내의 머리라는 것입니다. 이 사실을 받아 들여야 합니다.

둘째, 남편은 자기 아내를 그리스도께서 교회를 사랑하신 것 같이 사랑해야 한다는 것입니다. 여기에는 사랑의 우선순위가 나타나 있습니다. 부부 사이에 첫 번째 사랑의 대상은 자녀가 아니라 배우자입니다. 가족을 사랑하되, 사랑에도 순서가 있는 법입니다. 남편에게 사랑의 첫 번째 대상은 아내입니다. 아내도 마찬가지입니다.

좀 더 부연 설명을 하면, 남편의 성경적 위치는 가장(家長)입니다. 즉, 가정의 총책임자입니다. 그래서 남편과 아내의 관계에서 남편은 일종의 권위를 부여받습니다(엡 5:22~24; 고전 11:3). 섭리 가운데 하나님은 남편에게 가정에 대한 책임을 지라고 권위를 주셨습니다.


# 가장의
# 바람직한 모습
⋮

## 가장은 독불장군이 아니다

가장은 독재자를 의미하지 않습니다. 남편이 아내의 머리이고 가정의 가장이라고 해서 독재자처럼 집안에서 무엇이든 자신이 원하는 대로 하라는 것이 아닙니다. 또한 남편이 아내보다 우월한 것도 아닙니다(고전 11:3; 벧전 3:7 참조).

> "너희가 다 믿음으로 말미암아 그리스도 예수 안에서 하나님
> 의 아들이 되었으니 누구든지 그리스도와 합하기 위하여 세
> 례를 받은 자는 그리스도로 옷 입었느니라 너희는 유대인이
> 나 헬라인이나 종이나 자유인이나 남자나 여자나 다 그리스
> 도 예수 안에서 하나이니라"(갈 3:26~28).

종이나 주인이나 유대인이나 헬라인이나 남자나 여자나 그리스도에 대한 믿음으로 다 하나님의 자녀가 되었고, 다 같이 세례를 받았습니다. 그리스도로 옷 입어 그분 안에서 모두 하나가 된 것입니다.

예로부터 우리 문화에서는 남자가 여자보다 우월하다고 가르치고 길러 왔습니다. 옛날에는 딸을 낳으면 식구들이 섭섭해하고, 심지어 쫓겨나고 소박맞았습니다. 남편이 첩을 들여도 아무 말도 못했습니다. 아들을 낳지 못한 여자는 죄인 취급을 받았습니다. 그런데 아들을 낳느냐, 딸을 낳느냐는 것은 생물학적으로 여자가 결정하는 것이 아니라 남자가 결정하는 것입니다. 그런데 그 책임을 여자들에게 떠넘겼습니다.

아들은 아버지와 겸상해서 밥 먹고, 딸은 밥상도 없이 방바 닥에서 어머니와 먹고 자란 경우가 허다합니다. 우리 사회의 풍 토가 그랬습니다. 남자가 여자보다 우월하기 때문이 아니라 하 나의 문화로서 그랬습니다. 이렇게 남자를 소중히 여기고 여자 를 무시하는 남존여비의 문화적 환경에서 태어났기 때문에 여 자들도 그런 풍토에 젖어서 자신도 모르는 새에 아들을 선호하 는 것입니다. 본인이 여자면서도 아들을 편애함으로써 여성을 무시하는 아들들로 만들었습니다. 이런 대물림을 통해 전통과 문화가 계승되는 것입니다. 그러다 보니까 남자들은 무의식중 에 행동과 태도에서 '아! 나는 우월하구나. 여자들은 아무것도 아니구나'라는 생각을 드러냅니다.

이는 결국 우리 모두의 잘못입니다. 사고방식과 문화가 비 기독교적이고 비성경적인 사회에서 자랐기 때문에 그런 잘못된 가치관을 가지고 살아가는 것입니다. 우리는 예수 믿는 어머니, 아버지로서 내가 몸담고 있는 전통적 문화보다 예수님의 문화 가 더 우선이라는 사실을 꼭 기억해야 합니다. 우리 집안만은 기 독교 문화를 실현해야겠다고 결심해야 합니다. 만일 딸을 한 번 이라도 덜 안아 줬다면 오늘 당장 안아 주십시오. 우리 그리스도 인들이 아들과 딸이 동일한 가치를 갖고 태어났다는 문화 창조 를 해야 합니다.

저는 우리 애가 아들이어야 한다, 딸이어야 한다는 생각을 애초부터 하지 않고 결혼했습니다. 태어날 자녀가 남자냐, 여자냐 하는 것은 하나님의 절대주권 속에서 이뤄지는 일입니다. 하나님이 실수하셔서 딸을 낳았다는 불평은 절대자 창조주 하나님에 대한 도전입니다.

제가 30세에 첫아이가 태어났는데, 그때 절대자 하나님은 딸이든 아들이든 내게 가장 좋은 것으로 주시지 나쁜 것으로 주실리가 없다고 믿었습니다. 그래서 첫아이를 낳았을 때 그저 감사드렸습니다. "하나님 아버지, 이 아기를 주셔서 감사합니다." 저는 그 딸아이를 지극히 사랑했습니다. 그랬더니 하나님은 "아, 이 친구, 딸을 좋아하네" 하면서 딸을 또 하나 주셨습니다. 그래서 저는 또 감사하고 좋아했습니다. 그랬더니 "저 친구, 정말 딸좋아하네" 하면서 또 하나를 주셨습니다.

저는 일생 동안 제게 딸 셋이 있다고 해서 불평하거나 싫어하거나, '나에게는 왜 아들이 없나' 하는 생각을 해 본 적이 없습니다. 절대자 하나님을 신뢰하면 행복합니다. 그런데 오히려 다른 사람들이 저를 불쌍하게 보고 위로해 주려고 합니다.

저는 먼저 예수 믿는 사람이며, 그 다음으로 한국 사람입니다. 하늘의 시민 됨이 첫째입니다. 예수 그리스도의 문화와 성경이 가장 중요합니다. 물론 무의식중에 저도 성경보다 한국적인 것을 우선으로 할 때가 있습니다. 그러나 제게 잘못된 것을 발견하면 반드시 기독교적 문화, 성경적 문화로 바꿀 마음이 있습니다. 그렇게 바뀌어야 행복하기 때문입니다. 철저하게 기독교 문화화가 되고 성경의 가치관대로 변하면, 반드시 하나님의 축복이 따릅니다.

그리고 가장은 독자적 결정권자가 아닙니다. 가장이라고 해서 혼자서 모든 것을 결정해서는 안 됩니다.

## 가장에게는 책임이 있다

가장이라고 언제나 옳은 것은 아니며, 가장에게는 가장의 책임이 있습니다. 그리고 아내에게는 가정의 책임을 진 남편을 도와줄 의무가 있습니다.

그러나 마지막 책임은 가장에게 있습니다. 그렇다고 남자가 여자보다 판단력이 더 정확하다는 것은 아닙니다. 하나님은 남편의 과오에 대한 책임을 아내에게 묻지 않으십니다. 그러나 최종 결정에 대한 책임은 남편에게 물으십니다. 남편 위에 그리스도가 계시기 때문입니다. 그러나 남편은 자신이 실수를 범하지 않도록 도와주지 않은 것과 순종하지 않은 데 대한 책임을 아내에게 물을 수 있습니다. 아내는 남편을 돕고 자신의 의견을 얘기해서, 남편이 최선의 결정을 할 수 있도록 애써야 합니다. "전혀 도와주지 않았다", "무관심했다", "상관하지 않았다", "이렇게 했을 때 왜 나를 도와주지 않았느냐?", "이런 것에 대해 말을 하지 왜 가만두었느냐?"는 추궁을 듣지 않게 해야 합니다.

아내의 첫 번째 역할은 남편을 돕는 것입니다. 그러므로 남편이 어떤 문제를 결정하는 데 방관해서는 안 됩니다. 남편이 가장 책임 있는 결정을 하고 가정을 이끌어 나갈 수 있도록 자신의 지혜와 능력을 총동원해서 충고하고 도와줄 권한과 의무가 아내에게 있습니다.

## 순종은 강요하는 것이 아니다

아내는 스스로 자원해서 남편에게 순종해야 합니다(엡 5:23; 골 3:18; 벧전 3:1). 생니를 뽑듯 순종을 강요할 수는 없습니다. 아내는 자원해서, 할 수 있는 모든 일을 다 하여 남편을 최대한 돕고, 그런 후에 남편에게 "당신이 우리 집의 가장이니 이제는 당신이 결정을 내리세요"라고 해야 합니다.

물론 남편과 아내의 의견이 늘 같을 수는 없습니다. 또 그럴 필요도 없습니다. 오히려 서로 의견이 다를 때 남편이 못 본 것을 아내가 볼 수 있고, 아내가 못 본 것을 남편이 볼 수 있습니다. 똑같은 문제를 다른 각도에서 관찰함으로써 실수하지 않고 원만하게 문제를 해결할 수 있습니다. 아내는 남편과 의견이 일치하지 않더라도 자신이 할 얘기를 다 하고, 마지막 책임을 남편에게 맡기고 그 결정에 따라야 합니다.

그러나 만일 "당신이 내 뜻대로 하지 않으면 나는 절대로 따르지 않겠다"는 식의 조건부를 달면 남편과 아내 둘 중 한 명이 항복해야 합니다. 그런 상황에서는 남편이 아내에게 끌려갈 수도 있습니다.

어디에서든지 책임을 진다는 것은, 책임지는 사람을 '돕는' 것과 차원이 다릅니다. 그러니 남자의 직분이 쉽다고 생각해서는 안 됩니다.

순종이라는 것은 남편이 아내를 폭군처럼 다스리는 것이 아니라, 그리스도가 교회를 사랑하시듯 자신의 아내를 사랑함으로써 나타나는 결과입니다. 남편이 아내를 사랑하고, 남편이 가장 선한 결정을 하리라는 것을 아내가 믿어 주는 것입니다. 이런 기독교적 가정에서 순종은 저주가 아니고 축복입니다. 순종과 사랑은 일방통행이 아니라 서로 오가는 것입니다. 주고받는 것입니다. 어느 한쪽만으로는 성립될 수 없습니다. 이런 상황에서는 그리스도가 교회를 희생적으로 사랑하신 것처럼 남편이 아내를 사랑하기 때문에 아내는 그 사랑 속에서 자진해서 남편에게 순종하게 됩니다.

## 가장에게는 권위가 있다

가장이란, 하나님을 대신하는 권위 있는 역할입니다(딤전 2:12~14; 3:4~5, 12). 자신이 가정에서 하나님을 대신하여 행동해야 한다는 것을 철저하게 안다면, 기독교 가정의 가장들은 상당한 책임감을 느낄 것입니다.

"자기 집을 잘 다스려 자녀들로 모든 공손함으로 복종하게
하는 자라야 할지며 (사람이 자기 집을 다스릴 줄 알지 못하면 어찌 하
나님의 교회를 돌보리요)"(딤전 3:4~5).

아이들이 부모에게 순종하며 존경심을 갖는 것은 남자에게
달린 문제입니다. 대부분의 남편은 가정교육을 아내에게 맡기
는데, 이 말씀에 따르면 남편의 책임이 큽니다. 또 남자는 가정
을 성경대로 다스리지 못하면 교회에서 섬길 자격이 없습니다.

어느 남자 집사님이 저에게 고백한 적이 있습니다.

"목사님, 저는 사실 교회에서 이런 직분을 맡아 일할 자격이
없습니다. 저는 가정을 잘 다스리지 못합니다."

다른 사람들은 잘 인정하지 않는 사실을 이렇게 솔직하게 인
정하는 사람은 희망이 있습니다.

앞의 성경 구절에 남자가 자신의 가정을 잘 다스려야 할 책
임이 3번이나 언급되어 있습니다. 가정을 잘 다스리는 것은 하
나님의 명령입니다. 남자에게 부여된 책임을 성경에서 이해하
기 시작하면 강한 책임감을 느끼게 됩니다. 남편의 권위는 자신
의 것이 아니라 하나님이 부여하신 것으로, 책임이 따르는 권위
입니다. 그 권위를 지혜롭게 행사해야 합니다.

남자에게는 자신의 가정을 얼마나 잘 다스리느냐가 교회에
와서 섬길 수 있는 자격의 척도가 됩니다. 디모데전서 3장과 디도

서 1장을 보면, "자기 가정을 다스리지 못하면 교회에 와서 섬기려고 하지 마라. 어떻게 자기 식구 네댓 명도 못 거느리면서 교회에 와서 많은 사람을 거느리겠다고 하느냐" 하는 말씀은 우리에게 경각심을 불어넣어 줍니다.

목회자는 가정에서 성공해야 목회할 수 있습니다. 가정에 어려움이 있으면 도저히 목회를 할 수 없습니다. 저도 그런 경험을 했습니다. 가정에 서먹한 기운과 긴장이 감돌면 기도도 안 되고, 성경을 읽어도 활자만 보이고 아무 생각이 안 납니다. 설교할 때도 죄의식 때문에 견딜 수 없을 만큼 힘듭니다. 그러므로 목회자를 비롯한 교회의 지도자들은 자신의 가정에 신경을 많이 써야 합니다. 가정이 평화롭고 행복해야 교회도 편안합니다. 저는 사모와 불화하여 목회에 실패한 목사님들을 여럿 봤습니다.

한 남자로서 가정을 잘 다스리는 것이 우선입니다. 남자들의 경우, 직장 일에는 충실한데 가정을 소홀히 하는 사람들이 상당히 있습니다. 그러나 첫째가 가정임을 명심해야 합니다. 교회와 가정을 사이에 두고 볼 때도 가정이 먼저입니다. 교회가 생기기 전에 가정이 있었습니다. 가정이 모여 교회를 이뤘습니다. 가정에 대한 남자의 책임이 얼마나 소중한지 모릅니다. 교회가 잘되려면 그 교회의 남자 성도들이 가정을 잘 다스려야 합니다. 그런 책임이 남자들에게 있습니다.

## 가장은 모범을 보인다

지도자인 가장은 모범을 보이는 사람입니다.

> "이는 남편이 아내의 머리 됨이 그리스도께서 교회의 머리
> 됨과 같음이니 그가 바로 몸의 구주시니라"(엡 5:23).

그리스도가 교회를 사랑하신 것처럼 남편은 아내를 희생적
으로 사랑해야 합니다. 가장이 사랑의 리더십을 가정에서 보여
야 합니다.

## 마지막 책임은 가장에게 있다

가장은 가정에서 최종 결정권자입니다. 가정 운영의 행정적 책
임자로서 가정에 영향을 주는 모든 결정에 대한 마지막 책임을
집니다. 간혹 어머니들이 자녀들에게 이렇게 말하는 때가 있습
니다.

"아버지한테 얘기하지 마. 아버지 알면 큰일 나."

그러나 큰일 나도 아버지가 알아야 합니다. 만일 일이 잘못
되면 아내는 평생 남편에게서 "당신이 어떻게 했길래 이렇게 되
었느냐?"며 비난받을 수 있습니다. 그러나 남편이 알고 있고 남
편이 같이 결정했을 때는 남편에게 책임이 있습니다. 최종 결정
권자가 남편이기 때문입니다.

남편과 아내는 일체(一體)이기 때문에 처음부터 모든 것을 함께 알아야 합니다. 결혼 초기부터 비밀이 있으면 그것을 숨기기가 얼마나 힘든지 아십니까?

중요한 가사를 결정하는 데 남자가 관여하지 않고 여자가 계속 결정하는 것도 문제입니다. 남자가 아내에게 "난 모르니까 당신이 알아서 해" 하는 것은 무책임한 태도입니다. 이는 성경적인 가장의 모습이 아닙니다. 이렇게 책임을 회피한 남자들이 일이 잘못되면 아내에게 책임을 묻습니다.

여자들이 주도권을 가진 가정에서는 멀쩡한 남자도 맥을 못 춥니다. 대단히 불행한 일입니다. 지혜로운 여자라면, 남편이 조금 부족해도 계속 주도적인 역할을 하도록 남편을 가장으로 세워 줘야 합니다. 그래야 그 가정에 질서가 서고, 남편이 밖에 나가서도 당당하게 일할 수 있습니다.

아내가 완전히 주도권을 쥔 가정의 남편들은 밖에 나가서 바람을 피울 가능성이 있습니다. 집에서 아내에게 인정을 못 받기 때문에 자신을 인정해 주는 여자를 만나면 마음이 쉽게 움직입니다. 그래서 정말 똑똑하고 훌륭한 여자는 남편이 지적(知的)으로나 다른 능력 면에서 자신보다 못해도 남편을 존중하고, 최종 결정권을 남편에게 맡깁니다.

# 가장의
# 성경적 의미

： 　　　　　먼저 남편인 가장의 위치는 하나님이 정하신 것입니다.

> "그러나 나는 너희가 알기를 원하노니 각 남자의 머리는 그
> 리스도요 여자의 머리는 남자요 그리스도의 머리는 하나님
> 이시라"(고전 11:3).

이 말씀에는 하나의 질서가 명시되어 있습니다. 그리스도의 머리는 하나님이십니다. 그러므로 예수님은 하나님의 뜻에 복종하셔야 했습니다. 남자의 머리는 그리스도이십니다. 그러므로 남자는 예수님 앞에서 책임을 져야 합니다. 이것은 아내가 남편 앞에서 책임을 지는 것보다 더 어려운 일입니다. 만일 성경적인 가장의 삶을 제대로 알지 못하고, 가정에 대한 가장의 책임을 철저하게 이해하지 못하고 산다면 심판 날에 하나님 앞에서 크게 꾸중을 들을 것입니다.

> "또 남자가 여자를 위하여 지음을 받지 아니하고 여자가 남
> 자를 위하여 지음을 받은 것이니"(고전 11:9).

여자가 남자를 위해 창조된 것은 남자를 도와주라는 뜻입니다. 남자는 도움이 필요한 존재입니다. 본래 혼자였던 아담에게는 돕는 배필이 채워 줘야 할 부족한 부분이 있었습니다. 여자에게는 남자가 갖지 못한 점들이 있습니다. 섬세함과 정확함과 여성 특유의 감각이 있어서 그런 것들을 통해 남자를 도울 수 있습니다.

바울은 아담이 먼저 창조되었다는 점을 들어 아내가 남편의 지도하에 있다는 사실을 말했습니다(딤전 2:11~13). 창세기 3장에서는 이렇게 말씀하고 있습니다.

"또 여자에게 이르시되 내가 네게 임신하는 고통을 크게 더하리니 네가 수고하고 자식을 낳을 것이며 너는 남편을 원하고 남편은 너를 다스릴 것이니라 하시고"(창 3:16).

만일 인간이 타락하지 않아서 죄성이 없었다면 상황은 달라졌을지도 모르겠습니다. 남편도 아내도 자녀도 죄성이 없었다면 모두 완전했을 것입니다. 가장 민주적인 사회가 이뤄졌을 것입니다. 그러나 불행하게도 죄가 들어오고 난 후 모든 것이 파괴되었습니다. 이성(理性)도 감정도 의지도 가치관도 하나님과의 관계까지도 모두 파괴되었습니다. 남자, 여자가 다 내적으로 파괴된 상태가 되니까 혼자서 무엇을 결정할 때 제대로 결정할 수 있는 가능성이 적어졌습니다. 그래서 하나님은 무질서가 나타나는 죄악 된 세상에 질서를 부여하기 위해 남자가 가정을 다스리고 여자는 남자를 돕고 자녀들은 부모가 결정한 것에 순종하고 부모를 공경하는 가정의 질서를 세우셨습니다.

남편이든 아내든 하나님이 결정하신 것을 이해하지 못하고 거부할 때 수많은 문제가 생깁니다. 내가 누구인지, 나의 역할과 위치가 무엇인지 모르면 제대로 될 수 없기 때문입니다. 하나님이 원하시는 것이 무엇인지를 정확하게 이해하고, 그것에 준해서 가정을 이끌어 갈 때 가정의 문제가 원만하게 풀릴 수 있습니다.

남편은 불쾌하고 잔인한 태도를 버리고, 온 가족의 안녕을 위해 지도자로서의 책임을 감당해야 합니다. 남자가 기억해야 하는 것은, 자신이 죄성을 가진 불완전한 인간이라는 사실입니다. 그렇기 때문에 혼자서 모든 것을 할 수 있고, 모든 것을 이해할 수 있고, 언제나 선하게 결정할 수 있는 존재가 아닙니다. 모든 인간은 죄성이 있고, 누구나 한계를 가진 존재이기에 혼자서 모든 것을 원만하게 행할 능력이 없습니다. 교회에서 직분을 맡고 있는 사람도 마찬가지입니다. 자칫 육적(肉的)으로 타락할 가능성이 얼마든지 있습니다. 늘 주님께 새롭게 헌신하여 항상 성령 충만한 상태에 있을 때만 참된 사랑으로 가장의 역할을 감당할 수 있습니다.

다시 말하지만 가장의 위치는 하나님이 정하신 것입니다. 그러므로 가장의 위치나 권위에 대한 도전은 하나님의 뜻에 대한 도전입니다. 서구 세계의 여성운동은 이 기본적인 가정의 질서에 대한 도전이었습니다. 남성들이 성경적이고 기독교적인 가장의 위치를 제대로 지키지 못하고 독재자처럼 행동했기 때문에 여성들에게 피해 의식이 생겼습니다. 남성 지배적인 사회에 대한 반발이 거세져서 결국 여성운동이 전 세계로 번져 나간 것입니다.

여성운동을 하는 사람들이 쓴 글들을 여러 편 읽어 보았었는데, 그 글들에는 남성에 대한 여성의 투쟁이 선포되어 있었습니다. 대치된 상황 속에서 남자가 이기는지, 여자가 이기는지 해 보자는 식의 풍토가 미국에는 상당히 만연해 있습니다. 남성과 여성의 관계는 서로 보완하는 관계인데 대립 관계로 몰고 가니 갈등이 생기는 것입니다.

하나님은 목적과 이유가 있기 때문에 가정생활의 질서를 세우셨습니다. 하나님의 계획에 따라 가정을 이끌어 가면 분명히 그분이 주시는 복을 누리게 됩니다.

둘째로, 남편은 아내와의 사이에서 서로 의존하고 나누는 가장입니다. 하나님은 아내와 서로 의지하고 나누면서 가정을 이끌어 가는 가장의 모습을 원하십니다. 서로 상대방이 필요하다는 것을 인정하기란 쉽지 않지만, 책임을 지는 남편은 자신이 책임지는 아내의 도움이 필요함을 깊이 알고 있습니다.

> "그러나 주 안에는 남자 없이 여자만 있지 않고 여자 없이 남
> 자만 있지 아니하니라 이는 여자가 남자에게서 난 것같이 남
> 자도 여자로 말미암아 났음이라 그리고 모든 것은 하나님에
> 게서 났느니라"(고전 11:11~12).

사실상 처음에는 여자가 남자에게서 나왔습니다. 그런데 그
이후부터 또 여자에게서 남자가 났습니다. 남자와 여자는 대치
적인 상태가 아니라 보완적인 상태에서 서로를 필요로 하는 의
존적인 존재임을 성경은 분명하게 말하고 있습니다.

결혼 생활에서 더 큰 복을 누릴 수 있는데도 불구하고 남자
의 소위 자존심과 독립심 때문에 손해가 큽니다. 경쟁하는 것이
아니라 상호 의존하는 것이 하나님이 본래 작정하신 행복의 방
법입니다.

> "남편들아 이와 같이 지식을 따라 너희 아내와 동거하고 그
> 를 더 연약한 그릇이요 또 생명의 은혜를 함께 이어받을 자로
> 알아 귀히 여기라 이는 너희 기도가 막히지 아니하게 하려 함
> 이라"(벧전 3:7).

아내를 사랑하지 못하면 남편은 신앙생활에서 상당한 어려움을 겪게 됩니다. 신앙이 성장하지 않고, 기도도 제대로 안 나오고, 교회에 가서 봉사할 때도 죄의식만 생깁니다. 생명의 은혜를 같이 상속받을 사람으로서 연약한 그릇인 아내를 사랑하고 존중하며, 돕고 의지하며 살아야 합니다.

베드로전서 3장 7절에 따르면, 남편은 아내를 영원한 생명의 은혜를 함께 이어받을 사람으로 알고 함께 살아야 합니다. 이것은 이 땅에서 70~80년 사는 문제와 전혀 다릅니다. 하나님 앞에서 영원한 삶을 함께 누릴 배우자로서 아내를 영적으로 인도해야 합니다. 남편에게는 영적 삶에서 지도력을 행사해야 할 책임이 있습니다. 이렇듯 남자의 책임은 너무나 무겁습니다. 이 사실을 깨달으면 남자들은 정신이 번쩍 날 것입니다.

한국의 여러 가지 사회적, 문화적 상황 때문인지 남편들은 영적인 면에서 뒤지고 있습니다. 아무래도 여자들이 말씀을 공부할 시간적 여유가 좀 더 많다 보니, 한국 교회의 영적 지도력은 여자들에게 있는 것 같습니다. 비록 시간이 모자라도 영적 지도력을 행사하려는 상당한 노력을 의도적으로 기울이지 않으면, 남자들은 영적으로 여자들에게 뒤질 수 있습니다.

셋째로, 남편은 가장으로서 아내의 귀함을 인정하고, 아내의 명예를 사려 깊게 유지해 줘야 합니다. 베드로전서에 나오는 아내를 '존중한다'는 말은 아내가 가치 있고 존귀한 존재(벧전

1:19)임을 인정한다는 뜻입니다.

그런데 한국 사람들은 아내를 칭찬하면 팔불출(八不出)이라고 생각합니다. 이는 문화적으로 잘못된 것입니다. 그리스도인들에게는 전통적 문화보다 성경적 문화가 더 중요합니다. 우리는 먼저 천국 시민이요, 그 다음으로 한국 사람입니다. 아내를 존귀하게 여기는 것을 조금도 부끄러워할 필요가 없습니다.

남편은 아내를 가치 있는 존재로 여기고 조심스럽게 보호해야 합니다. 보물이 있는 곳에 마음이 있다는 말씀처럼 가장에게는 아내를 보배처럼 여기며 보호할 책임이 있습니다. 이런 태도는 생각에서부터 시작됩니다.

한 아내가 파산 상태에 있는 남편에게 이렇게 말했다고 합니다.

"여보, 우리가 재산을 다 잃은들 무슨 걱정이에요? 저는 어떻게 되든지 상관없어요. 우리에게는 서로가 있고 자녀들이 있고 예수님이 계시잖아요. 저는 당신의 아내로서 어떤 형편에서도 당신 곁에 있을 거예요."

파산 상태에 빠졌을 때 이런 말을 해 주는 아내가 있는 남편은 참 행복한 사람입니다. 어려움 가운데서도 곁에서 나를 격려하고 지지하는 아내가 있을 때, 남자는 각고의 노력으로 가정을 일으킬 것입니다. 그러나 "아이고, 내 팔자야! 어떻게 남자가 돼서 집 한 칸 안 마련해 놓고 우리를 길거리에 앉게 해. 파산까지

해서 이게 뭐냐고!" 하며 원망하는 사람들이 더 많을 것입니다.

아내는 '연약한 그릇'이라고 했습니다. 연약한 그릇이란 지적(知的)으로 부족하다는 의미가 아닙니다. 육체적인 면, 어떤 경우에는 감정적인 면을 말할 수도 있습니다. 그러나 영적, 도덕적, 지적인 면을 말하는 것은 결코 아닙니다. 지구력이 약하다는 의미도 아닙니다. 어디서 저런 힘이 나오나 싶을 만큼 강합니다. 그러나 남편은 아내를 보호하고 안정감을 줘야 합니다. 하나님이 여자를 육체적으로는 약하게 만들어 놓으셨기 때문입니다. 남자는 아무래도 체격이나 힘에서 여자보다 강합니다. 남자에게는 여자를 보호할 책임이 있습니다.

또한 여자들은 감정적으로 약할 때가 있습니다. 그것은 여성의 특징이면서 장점입니다. 여자가 감정적으로 약해질 때 남자는 안정감을 주면서 돌봐줘야 합니다. 그냥 나를 따르라며 혼자만 앞으로 나아가는 것이 아니라, 연약한 아내를 옆에서 도와주며 붙잡아 주는 태도가 필요합니다.

넷째로, 남편은 가정의 영적인 삶에서도 가장입니다. 아내를 연약한 그릇인 줄 알고 잘 돌보면 "기도가 막히지 않을 것입니다"(벧전 3:7). 그러나 그렇지 않으면 기도가 막힙니다. '막힌다'는 것은 '방해를 받는다'는 뜻입니다. 즉, '끊어진다'는 뜻입니다.

함께 기도하지 않는 부부들이 있습니다. 남편은 솔선해서 가족들과 함께 기도하는 책임을 이행해야 합니다. 가장은 가정생활의 중요한 영역에서 책임을 져야 합니다.

아내를 아끼고 사랑하지 않는 남편은 아내에게서나 하나님에게서나 좋은 것을 기대할 수 없습니다. 남편이 아내에게 잘못해서 덕이 될 게 하나도 없습니다. 함께 기도할 수 없고, 가정 예배도 인도할 수 없고, 교회에 가서 예배드릴 때도 전혀 은혜를 받지 못합니다. 그러나 아내와의 관계가 좋으면 기도도 잘되고, 은혜가 풍성하며, 하나님 앞에서도 떳떳합니다.

다섯째로, 남편은 자신감과 신뢰감을 보여야 하는 가장입니다. 잠언을 보면 현숙한 여자의 이야기가 나옵니다.

"누가 현숙한 여인을 찾아 얻겠느냐 그의 값은 진주보다 더 하니라 그런 자의 남편의 마음은 그를 믿나니 산업이 핍절하지 아니하겠으며 그런 자는 살아 있는 동안에 그의 남편에게 선을 행하고 악을 행하지 아니하느니라"(잠 31:10~12).

이 여인의 남편은 유명해지고, 그 남편은 아내를 이렇게 칭찬합니다.

"덕행 있는 여자가 많으나 그대는 모든 여자보다 뛰어나다 하느니라"(잠 31:29).

아마 인생을 살면서 아내가 남편에게서 이런 말을 듣고 살수 있다면 더 이상 행복할 수 없을 것입니다.

가장에게 가장 중요한 것은 아내와 자녀를 위해 자신을 희생하는 사랑입니다. 예수님이 바로 이에 대한 본보기를 보여 주셨습니다.


# 가정의 롤 모델,
# 예수님

∷ 예수님은 아버지께 완전히 순종하셨습니다. 마찬가지로 남편은 예수님께 완전히 순종해야 합니다. 가장으로서 남편에게는 이러한 순종이 가장 중요합니다. 자기중심적이고 이기적인 모습이 죽으면 아내의 신뢰를 충분히 받게 됩니다. 남편이 아내를 중시하지 않고 자신만을 생각할 때 문제가 생깁니다. 남편은 어떻게 하든지 예수 그리스도께 순종하려고 최선의 노력을 다해야 합니다. 예수님께 순종하면 나머지는 잘 풀릴 수 있습니다.

둘째로, 예수님은 자신의 사랑을 직접 보여 주셨습니다.


"사람이 친구를 위하여 자기 목숨을 버리면 이보다 더 큰 사랑이 없나니"(요 15:13).

남편도 아내를 위해 자신을 버리는 사랑을 보여야 합니다.

셋째로, 예수님은 사람을 깊이 이해하셨습니다(요 8:10~11). 이것은 남편의 역할에 대한 본보기입니다. 베드로서를 보면, 남편들은 아내를 이해하고 살아야 한다고 말합니다. 아내를 이해하려면 우선 아내를 연구 대상으로 삼아야 합니다. 아내가 무엇을 좋아하고 싫어하는지, 또 무엇이 아내를 기쁘게 하고 슬프게 하는지, 아내의 성격은 어떤지, 감정의 구성은 어떤지 잘 관찰하고 연구해야 합니다. 그래서 남편이 자기편이라는 것을 깊이 느끼게 해야 합니다.

감정적인 것과 기호뿐 아니라 육체적으로도 아내를 잘 알아서 성생활에서도 기쁘게 해 줄 수 있어야 합니다. 상담하면서 느낀 것인데, 여자도 남자의 몸을 잘 모르고 남자도 여자의 육체적인 특징을 잘 모릅니다. 그래서 부부 생활에서 어려움을 안고 있는 경우가 많습니다. 결혼 생활에서는 모든 면에서 상대방을 잘 이해해야 도움이 됩니다.

넷째로, 예수님은 하나님을 믿고 의지하도록 가르치셨습니다(막 9:35~41). 남편도 가정에서 언제나 하나님을 믿고 의지하는 분위기를 조성하는 데 앞장서서 모범을 보여야 합니다. 예수님이 그러셨듯이 하나님을 신뢰하고, 자신의 삶을 전적으로 맡기며 하나님께 의지하는 모습을 보여 주면 아내는 물론 자녀들도 그렇게 살 것입니다. 하나님을 의지하며 사는 것은 가정에서 배

위야 합니다. 그 영적 책임이 가장에게 있습니다.

다섯째로, 예수님은 그분을 믿고 의지하는 사람에 대해 전적인 책임을 지셨습니다(막 10:45). 남편도 아내와 가정에 대해 이런 책임을 집니다.

여섯째로, 예수님은 제자들이 가져오는 문제들을 풀어 주셨습니다(막 1:30~31; 8:4~6). 남편도 아내가 가져오는 문제를 자기 것으로 여기고 해결책을 찾아 줘야 합니다. 아내를 돌본다는 것은 아내의 문제를 나의 문제로 알고 해결해 주는 것을 의미합니다.

이런 성경 내용들을 보면서 저는 '이것은 하루아침에 될 일이 아니구나' 하는 생각에 가슴이 덜컹했습니다. 결혼한 다음 날부터 이런 사랑을 바로 행할 수 있겠습니까? 어릴 때부터 아버지로부터 좋은 본을 봐야 합니다. 믿는 아버지 밑에서 보고 듣고, 또 성경을 통해서 하나님의 뜻을 깨달아 행하는 훈련이 된 남자가 결혼해서 사랑의 남편이 될 수 있습니다. 결혼했다고 자동적으로 사랑의 남편이 될 수는 없습니다.

남편이 행해야 할 사랑의 목록을 보면 한국 남자들의 많은 부족을 느낍니다. 성경의 기준에 너무 못 미친다는 것을 뼈저리게 느낍니다. 한국 문화와 각 가정의 형편과 우리가 자란 배경이 예수님이 말씀하시는 것과 너무나 거리가 먼 것 같습니다. 기독교 안에서 가정생활에 대한 대대적인 개혁이 일어나지 않는다면 예수님이 말씀하신 기준에 결코 이를 수 없을 것입니다.

# 성경적인 남편은,
# 사랑하는 남편

　　　　　　　　　남편의 성경적 모습은 완력자나 독재자가 아니라 사랑의 사람입니다. 에베소서 5장 25~33절에서 주님은 교회와 그리스도의 관계를 가지고 부부 관계에 대해 말씀하십니다.

> "남편들아 아내 사랑하기를 그리스도께서 교회를 사랑하시고 그 교회를 위하여 자신을 주심같이 하라"(엡 5:25).

남편의 가장 중요한 책임은 무엇일까요? 충분한 의식주? 가족을 보호하는 역할? 자녀 교육? 내 집 마련? 좋은 본보기가 되는 것? 자녀 사랑? 아닙니다. 가장의 첫 번째 임무는 자녀들의 엄마인 아내를 열심히 사랑하는 일입니다.

성경을 보면 참 신기하다는 생각이 듭니다. '사랑'이라는 단어는 남자들을 대상으로 많이 쓰는 단어가 아닙니다. 세상적 표준에서는 대개 남자들에게 "가서 세계를 정복하라"고 합니다. 그런데 에베소서 5장은 남편들에게 "아내를 사랑하라"고 권면하고 있습니다. 남자는 어려서부터 전쟁놀이하고 운동하며 놉니다. 또한 한국 문화가 요구하는 남자의 특징은 사랑과는 거리가 멉니다. 그런데 어떻게 하나님은 남편들에게 사랑을 요구하실 수 있을까요?

에베소서 5장 25절 이하의 말씀은 문맥을 통해 살펴볼 때 의미가 더 확실해집니다.

"오직 성령으로 충만함을 받으라"(엡 5:18).

그리고 성령 충만한 사람들의 특징이 그 뒤에 언급됩니다. 성령 충만한 남편의 첫 번째 특징이자 마지막 특징이 바로 아내 사랑입니다.

한국 교회에서 성령 충만한 사람의 특징은 교회나 기도원에 가서 사는 것입니다. 그런데 성경에서 말하는 성령 충만한 사람의 특징은 가정에서 아내를 사랑하는 것입니다. 남자들이 이 말을 듣고 제대로 깨달으면 삶의 우선순위가 달라질 것입니다. 또 성령 충만한 아내의 특징은 남편에게 순종하는 것입니다. 성령 충만한 남편은 자연히 아내를 사랑합니다. 아내와의 사이가 나빠지면 성령 충만한 상태가 깨진 것입니다.

아이들은 서로 사랑하는 부모의 모습을 보고 좋은 대인 관계를 계발하고, 정서적으로 안정감을 갖게 되며, 원만한 남녀 관계를 자연스럽게 배우게 됩니다. 이에 대한 책임이 남편에게 있습니다.

요새는 많이 나아졌지만, 전통적으로 우리나라에는 남녀칠세부동석을 강조했습니다. 남편과 아내가 서로 재미있고 즐겁게 살아가는 모습을 보여 주면 안 됐습니다. 그래서 저희 어린 시절에는 부모님이 서로 애정 표현하는 것을 본 적이 없습니다. 그러나 가정에서 남편과 아내가 서로 사랑하고 좋아하는 모습을 자연스럽게 보이면 자녀 교육에 유익합니다. 자녀들에게는 "엄마가 나를 사랑한다", "아버지가 나를 대단히 사랑한다"는 것을 아는 것보다 "아빠가 엄마를 사랑한다"는 것을 아는 것이 정서에 더 유익하고 안정감을 줍니다. 부모님이 서로 사랑하는 것을 보고 느끼는 것이 아이의 교육과 성장, 안정감과 성숙을 도모하는 데 큰 영향을 줍니다.

아내 사랑은 선택 사항이 아니고 명령입니다. 주님은 아내를 자기 몸처럼 사랑하라고 하셨습니다. 그런데 어떤 때는 아내가 자기 몸처럼 여겨지지 않습니다. 그렇다면 이웃처럼 사랑해야 합니다. 이웃을 사랑하라는 말씀이 있으니 말입니다. 이웃처럼 사랑하지도 못하겠고 원수처럼 여겨진다 해도 여전히 사랑해야 합니다. 원수를 사랑하라는 말씀도 있으니 사랑에서 피할 길이 없습니다. 변명할 여지가 없습니다.

교회에 대한 예수님의 사랑이 남편의 사랑을 잘 묘사해 줍니다. 사랑으로 아내를 섬기지 않는 남편은 가장의 역할을 제대로 할 수 없습니다. 아내를 사랑하기 시작할 때 자녀를 사랑할 수 있는 능력도 커집니다. 사랑의 책임은 남편에게 있습니다. 사랑은 남편으로부터 아내에게 흐르게 되어 있습니다. 남편은 아내에게 남편을 사랑할 수 있는 이유를 제공해야 합니다.

# 사랑은 의지고,
# 결단이다

：　　　　　　　　남편의 사랑은 하나님이 세상을 사랑하신 것 같이 희생적인 사랑이어야 합니다(요 3:16). 남편의 사랑의 주된 요소는 희생인데, 성령님이 믿는 사람들의 가슴에 그 사랑을 넣어 주십니다(롬 5:5). 그래서 남편은 예수 그리스도를 알고 믿어야만 목숨을 내놓고 사랑하는 참된 사랑을 알 수 있습니다.

이러한 희생적인 사랑은 감정에 근거한 것이 아니라 의지에 근거한 것입니다. 희생적인 사랑은 어떤 대가를 지불하더라도 사랑하며, 심지어 목숨이 필요하면 목숨도 내놓으려는 사랑입니다. 남편은 그리스도와 같은 사랑을 아내에게 줘야 합니다.

가정 문제 상담을 해 보면 늘 반복되는 말이 있습니다.

"사랑이 식었습니다. 이제는 사랑하지 않습니다. 처음 결혼했을 때의 뜨거움이 없습니다. 이제는 차가운 가슴밖에는 안 남았기 때문에 이혼할 수밖에 없습니다."

그러나 사랑은 감정이 아니고 의지입니다. 가슴에 뜨거운 사랑이 있어서 결혼하더라도 그런 사랑이 지속되는 것은 아닙니다. 물론 근본 애정은 남아 있겠지만 결혼할 때 가졌던 그런 감정은 사라집니다. 아니, 어떤 때는 원수같이 미워집니다. 그런데 미워할 때는 이혼하고 사랑할 때는 재혼하는 것입니까? 기독교의 희생적 사랑은 감정이 아니고 의지입니다. 하나의 결단입니다. 결단으로 사랑의 행동을 하는 것입니다. 그런 사랑의 행동을 자꾸 하면 그 행동이 쌓여서 결국 감정도 생기게 됩니다. 이런 사랑에는 성령의 절대적 도움이 필요합니다.


# 남편의
# 사랑이란

: 　　　　　　그리스도가 교회를 사랑하신 차원에서 유추할 수 있는 남편의 6가지 사랑의 모습을 살펴보겠습니다.

### 자발적인 사랑
남편의 사랑은 자발적인 사랑이어야 합니다(엡 5:25). 여기에서 인격적인 사랑을 느끼게 됩니다.

### 희생적인 사랑
또한 희생적인 사랑이어야 합니다. 그리스도가 "자신을 주심같이"(엡 5:25) 사랑해야 합니다. 예수님은 교회를 위해 죽으셨습니다.

### 깨끗하게 하는 사랑
남편의 사랑은 깨끗하게 하는 사랑이어야 합니다. 이는 상당히 도전이 되는 말씀입니다. 많이 묵상하고 생각해 본 부분인데, 에베소서 5장 26~27절을 보면 "물로 씻어 깨끗하게 한다"는 말씀이 있습니다. 남편에게는 아내가 영적으로 성화(聖化)되는 데 대한 책임이 있습니다. 물로 씻어서 깨끗하게 되는 것처럼 아내가 영적으로 점점 계발되고 깨끗해지며 성화될 수 있도록 남편은 아내를 도와야 합니다. 조심스럽게 깊은 관심을 가지고 영적으로 잘 인도해서 아내가 깨끗하게 변화되어 예수님을 닮도록 도와야 합니다.

거룩한 아내를 위임받아 깨끗하게 보존하는 책임이 주어진 것이 아닙니다. 많은 경우에, 착하고 예쁘고 마음씨 좋은 여자를 얻어서 결혼했는데, 15년 만에 어쩌다 이 모양이 됐느냐고 불평합니다. 그러나 그리스도인이라면 오히려 변변치 않고 부족하고 연약한 미완성품을 영적으로 잘 도와줘서 깨끗하고 성숙하고 거룩해지도록 만들어야 합니다. 남편과 결혼한 후로 신앙이 더 좋아졌다는 말이 나와야 합니다. 이런 책임이 남편에게 있습니다.

남편은 구원받은 아내가 거룩하고, 흠과 티와 주름 잡힌 것이 없게 하는 하나님의 도구로 사용되어야 합니다. 아내의 영적 삶에 복이 되어야 합니다. 아내가 남편 때문에 과거보다 신앙적으로 더 좋아지고, 성숙해지고, 더욱 예수님을 닮아야 합니다. 아내에게 영적으로 가장 중요한 영향을 줄 수 있는 사람은 목사가 아니라 바로 남편이어야 합니다.

## 보살피는 사랑

남편의 사랑은 보살펴 주는 사랑입니다.

> "이와 같이 남편들도 자기 아내 사랑하기를 자기 자신과 같
> 이 할지니 자기 아내를 사랑하는 자는 자기를 사랑하는 것이
> 라 누구든지 언제나 자기 육체를 미워하지 않고 오직 양육하
> 여 보호하기를 그리스도께서 교회에게 함과 같이 하나니 우
> 리는 그 몸의 지체임이라"(엡 5:28~30).

지혜로운 사람은 자신의 몸을 잘 돌봅니다. '기른다'는 말에
는 '먹인다', '유지한다', '지원한다', '양육한다'는 뜻이 있고 '돌본
다'는 말에는 '소중하게 다룬다', '부드럽고 자상하게 대한다', '조
심스럽게 대한다'는 뜻이 있습니다.

## 하나가 되는 사랑

남편의 사랑은 하나가 되는 사랑이어야 합니다.

> "그러므로 사람이 부모를 떠나 그의 아내와 합하여 그 둘이
> 한 육체가 될지니"(엡 5:31).

남편은 두 주인을 섬길 수 없습니다. 아내와 친구, 아내와 다른 여자, 아내와 자동차가 아닙니다. 아내를 전적으로 사랑하는 것이 남편의 책임입니다.

## 친절한 사랑

아내에게 친절한 사랑을 보여야 합니다(엡 5:33; 골 3:19). 아내를 사랑하십시오. 아내에게 모질게 대하지 마십시오. 개역개정 성경에는 '괴롭게'라고 나와있는데, 이 '모질게'라는 말에는 '심하게', '딱딱하게', '쓰라리게', '속상하게'라는 뜻이 있습니다. 아내에게 모질게 하지 말고, 심하게 하지 말고, 딱딱하게 하지 말고, 가슴 쓰라리게 하지 말고, 속상하게 하지 말아야 합니다. 아내에게 상처를 입히지 말고 친절하게 대해야 합니다.

모든 남성은 예수님이 교회를 사랑하신 그 사랑을 계발하기 위해 '노력'해야 합니다. 그러나 노력만 가지고는 안 됩니다. 예전에도 노력하자고 많이 권고했는데, 사실 말처럼 쉽지 않습니다. 그래서 이제는 하나님의 도우심을 구하고, 성령님이 우리 가슴에 역사하시게 해야 예수님처럼 될 수 있다고 말합니다. 인간적인 능력이나 결단, 인간적인 노력만으로는 결과가 좋지 않습니다. 인간적인 면을 포기하고, 완전히 하나님을 의존하고, 그분의 도우심을 일일이 구해야 합니다. 성령님이 힘주셔서 예수님이 교회를 사랑하신 것같이 아내를 사랑할 수 있도록 간절히 구하지 않고서는 잘될 수 없습니다. 이런 맥락에서 저는 남편들에게 노력하자고 말하기보다는 인간의 노력이 별수 없는 것을 깨닫고 기도하자고 말할 수밖에 없습니다.

# 사랑의 원천은, 그리스도

: 　　　　　사랑은 예수 그리스도를 조건 없이 우선적으로 모십니다. 결국 사랑의 원천은 하나님, 곧 예수님이기 때문에 그분이 우리의 가슴에 계시지 않고서는 참된 사랑을 이해할 수 없습니다. 그리스도가 우리를 어떻게 사랑하셨고, 교회와 인류를 위해 어떤 희생을 하셨는지 알아야 합니다. 예수 그리스도가 가슴에 있고, 그리스도의 십자가가 이해되어야만 참된 사랑이 무엇인지 알 수 있습니다.

우리의 사랑은 대개 이기적입니다. 자기중심적입니다. 당신이 예쁘기 때문에, 나에게 잘해 주고 나를 좋아하기 때문에 사랑한다고 말합니다. 그러나 기독교의 사랑은 그렇지 않습니다. 기독교의 사랑은 상대방 중심입니다. 인간도 진심으로 사랑할 때는, 사랑의 극치에 다다를 때는 자신을 잊어버리고 완전히 상대방만 생각하게 됩니다. 나병 환자와 일생을 같이 한 손양원 목사님을 보십시오. 그분의 일생이 담긴《사랑의 원자탄》이라는 책은 참 감동적입니다. 그분은 나병 환자가 하도 괴로워하니까 환부(患部)를 입으로 빨아 주기까지 했습니다. 이렇게 희생적인 사랑은 감동을 줍니다.

어머니의 사랑이 유명한 이유는 아버지보다 어머니가 완전히 자기를 부인하고, 자녀를 위해 철저하게 희생하기 때문입니다. 자녀들은 커서도 어머니를 못 잊어서 "어머니" 하면 눈물을 흘립니다. 위대한 사랑은 전부 희생적이었습니다.

자신의 목숨을 바친 예수 그리스도의 사랑을 알고 느끼고 개인적으로 체험해야 그 감동으로 다른 사람을 조건 없이 사랑할 수 있습니다. 그 사랑을 전혀 모르는 사람은 순전히 자기중심적으로 되기 쉽습니다.

서로 용서하는 것도 마찬가지입니다. 사실 인간 생활, 특히 가정생활에서 용서라는 것이 중요한데 실천하기가 참 어렵습니다. 대인 관계에서 갈등이 있는 사람들에게 제가 용서해야 한다고 말하면 그들은 "목사님, 이걸 어떻게 용서합니까? 나도 인간입니다"라고 대답합니다. 맞는 말입니다. 그런데 성경 말씀을 보면 "서로 용서하기를 하나님이 그리스도 안에서 너희를 용서하심과 같이 하라"(엡 4:32)고 했습니다. 하나님 앞에서 죄를 범한 인간으로서 그분의 무조건적이고 놀라운, 무한하고 영원한 용서를 체험하고 느끼고 이해하는 사람은 남이 자신에게 잘못해도 용서할 수 있습니다. 하나님의 용서를 체험으로 알기 때문입니다.

주님이 왜 갈보리에서 나를 위해 돌아가셨는지를 깊이 이해하는 사람만이 참사랑이 무엇인지, 용서가 무엇인지를 깨닫습니다. 서로 용납한다는 것이 무엇인지를 이해합니다. 예수님을 알고 영적으로 거듭나지 않고서는 참된 사랑을 할 수 없습니다. 사랑에 대한 소설을 읽는다고 해결되는 것이 아닙니다. 그런 소설에는 대체적으로 이기적이고 자기중심적인 사랑이 나옵니다. 자신의 욕정을 위해, 자기만족을 위해 상대를 이용하는 이야기들입니다. '사랑'이라는 단어로 자신의 만족과 쾌락을 도모하는 존재가 바로 인간입니다.

남편은 자신의 머리인 그리스도께 복종하려는 자세를 가질 때 비로소 참된 사랑을 할 수 있습니다. 그렇지 않고서는 어림도 없습니다. 인간은 얼마나 이기적인지 모릅니다. 인간 문제의 바탕은 자아, 곧 자기중심적인 성향입니다.

사랑은 함께 있어 주지 도망가지 않습니다. 사랑은 주려고 하지 받으려고 하지 않습니다. 사랑은 칭찬해 주지 비난하지 않습니다. 우리는 남의 잘못에 대해 크게 나무랍니다. 저는 아이들이 아주 어렸을 때 무엇을 엎지르면 조심성 없이 그랬다면서 야단을 치고, 흘린 것을 닦게 했습니다. 그러자 아이들은 기분이 몹시 상한 것 같았습니다. 그래서 한번은 이렇게 생각했습니다.

'아이가 아빠 앞에서 밥 먹다가 이걸 엎지르고 이렇게 깨야

겠다고 계획하고 그랬겠는가? 아이들이 어리니까 몸이 자기 마음대로 따라 주지 않아서, 컵을 깬 것인데….'

사실 고의적으로 악을 행하는 사람은 드뭅니다. 물론 아주 고의적으로 악행을 저지르는 사람이 있긴 합니다. 그런데 그런 사람은 1,000명 가운데 한 명 있을까 말까 합니다. 대부분의 사람들은 연약해서, 아니면 실수해서, 혹은 그저 부족해서 잘못하는 것입니다. 연약해서 잘못을 저지른 사람에게 고의적으로 그랬다면서 욕하고 눈을 부릅뜨고 주먹을 휘둘러서는 안 됩니다. 사람은 양심이 있기 때문에 잘못하면 스스로 부끄러워하고 누구에게 들킬까 봐 겁냅니다. 그런데 그런 잘못을 찾아내서 떠벌려 놓는다고 무슨 도움이 되겠습니까?

선지자의 은사를 받은 사람들은 주로 남을 비난합니다. 하나님이 특별히 악(惡)을 신랄하게 비난하고 드러내기 위해 사람들을 세우실 때가 있습니다. 주로 그분들은 할 일을 하고도 사람들에게 욕을 먹습니다. 그러나 그분들에게도 하나님의 사명이 있습니다. 물론 대부분의 성도들은 칭찬을 통해 서로를 섬깁니다. 비난보다 한마디 칭찬을 해 주는 것이 사랑입니다.

사랑은 그 사람을 원하지 육체만을 원하지 않습니다. 한 사람에 대해 영혼만을 좋아하는 것도 아니고, 마음만 좋아하는 것도 아니고, 육체만 좋아하는 것도 아닙니다. 그 사람 자체를 원해야 사랑입니다. 만일 육체만을 원하면 상대방은 이용당한다고 느껴서 참담해집니다.

사랑은 칭찬하지 경쟁자인 것처럼 대하지 않습니다. 부부 사이에도 질투할 때가 있습니다. 경쟁의식으로 서로 안 지려고 싸웁니다. 그러나 부부는 경쟁자가 아닙니다. 서로를 경쟁자로 대하지 말고, 칭찬을 통해 새롭게 보완 작업을 해야 합니다.

사랑은 '나'라는 단수 대신 '우리'라는 복수 대명사를 씁니다. 다행히 한국 사람들은 '우리 아버지', '우리 교회' 등 '우리'라는 말을 잘 씁니다.

사랑은 불안감 대신 안정감을 줍니다. 사람을 불안하게 하고 들볶는 것이 아니라 편안하고 안정된 마음을 주는 것이 사랑입니다.

사랑은 상대를 있는 대로 수용하지 고쳐야 할 대상으로 삼지 않습니다. 우리는 이 점에서 실수를 많이 합니다. 저도 많이 실수한 사람 가운데 한 명입니다. 자라면서 남을 있는 그대로 수용하라는 말을 들어 본 적이 없습니다. 서로 용납하는 것이 성경적입니다. 그런데 그것을 실천하기가 참 어렵습니다. 내 마음에 안 드는데 어떻게 수용할 수 있겠습니까?

저 나름대로 사랑에 대해 정의(定義)할 때 첫 번째로 꼽는 것이 바로 '수용'입니다. 결혼해서 대개 10개월 사이에 문제가 생긴다고 합니다. 결혼할 때까지는 환희의 계절이요, 환상적인 계절입니다. 그러나 결혼식이 끝나면 실망의 계절이 시작됩니다.

그 다음에는 절망의 계절이 오고, 그 다음에는 포기의 계절입니다. 결혼 생활에서 가장 어려운 것은 배우자를 있는 그대로 받아들이는 것입니다.

사람을 있는 그대로 수용하려면 자기 자신부터 수용해야 합니다. 자신을 있는 그대로 수용할 줄 알아야 상대방을 수용할 수 있습니다. 자신을 수용하지 못하는 사람은 절대로 남을 수용하지 못합니다. 이것은 아주 절실한 이야기입니다. 젊었을 때는, 특히 10대 때는 자신의 외모를 잘 받아들이지 못합니다. 거울만 쳐다보면 불만입니다. 그러나 우리는 자신의 생김새에 대해 이렇게 기도해야 합니다.

"주여! 나를 이렇게도 특유하게 만들어 주신 것에 감사합니다. 70억 인구 가운데 나를 이 모습, 이대로 만들어 주신 것에 감사합니다."

자신을 용납하지 못하면 행복하지 않습니다. 자신이 행복하지 않은 사람이 남을 행복하게 해 줄 수 있겠습니까? 행복한 사람만이 남을 행복하게 할 수 있습니다. 속이 갈등으로 가득 찬 사람이 다른 사람에게 평화를 줄 수 있겠습니까? 어림도 없습니다. 평화가 있는 사람만이 남에게 평화를 줄 수 있습니다. 자신에게 없는 것을 남에게 줄 수는 없습니다. 그래서 자신을 수용하는 것이 얼마나 중요한지 모릅니다. 자신에 대해 불만이 있으면 자연히 남에게도 불만을 품습니다. 자신에게 열등감이 있으면 사람들에 대해 질투가 생깁니다.

10대 때 이런 문제로 가장 많이 고민합니다. 10대는 인생에서 가장 어려운 때입니다. 부모들은 청소년기의 자녀들이 하나님이 자신을 고유하고 특별하게 만들어 주셨다는 것을 알고 자신을 받아들일 수 있도록 지도해야 합니다. 그렇지 않으면 자신을 안 받아들이는 것이 아니라 결국 하나님을 안 받아들이게 됩니다. 전능하시고 전지(全知)하시고 좋으신 하나님이 어떻게 실수로 나를 이렇게 만들어 놓으셨느냐고 반항합니다. 하나님의 창조에 대해, 절대자 하나님에 대해 반발하는 것입니다. 이럴 때 아이들에게 "내가 나 된 것은 하나님의 은혜다"라는 인식을 심어 주는 것이 대단히 중요합니다. 그런 마음 자세가 되어야 상대방을 수용할 수 있습니다.

외모나 지능지수는 타고나는 것입니다. 조금은 계발할 수 있을지 모르지만 C 머리로 태어난 아이가 A 머리가 될 수는 없습니다. 예전에 가정교사를 하면서 아이들을 가르쳐 봤는데, 아무리 가르쳐도 성적이 오르지 않는 아이들이 있습니다. 학교에서 돌아오는 시간부터 붙들고 앉아서 밤 12시까지 꼬박 공부를 시켜도 별 향상이 없습니다. A 머리는 놀아도 A인데 D 머리는 죽도록 공부해도 D입니다. 그렇기 때문에 노력했는데도 성적이 오르지 않는 자녀들에게는 이런 격려를 해 줘야 합니다. "네가 최선을 다했다면, D밖에 못 받았어도 너의 D는 다른 아이의 A와 똑같다. 격정하지 마라. 너는 최선의 노력만 하면 된다." 공부 머리가 모자라더라도 분명 잘하는 다른 것이 있을 것입니다.

어떤 것은 열심히 하면 웬만큼 계발됩니다. 그러나 하나님이 우리를 만드실 때 이미 각자에게 작정하신 바가 있습니다. 예를 들면, 우리의 지문이나 목소리 같은 것이 그렇습니다. 목소리는 나이가 들어도 잘 안 변합니다. 어릴 때 알던 사람들과 20~30년 만에 전화해 보면 그들의 목소리는 옛날 목소리 그대로입니다. 목소리와 지문처럼 각자의 재능과 특성은 이미 정해져 있습니다. 하나님이 각 사람을 통해 이루고자 하시는 목적은 다 다릅니다. 오직 그 사람만을 통해 이루고자 하시는 바가 있습니다.

인간이 태어나는 것은 그리 쉽지 않습니다. 우리는 10억 대 1이라는 치열한 경쟁을 뚫고 태어났습니다. 아버지의 정자 10억 개 가운데 하나가 살아남아 어머니의 난자와 수정되어 태어난 것입니다. 그런 경쟁을 뚫고 태어난 우리는 주님께 감사드려야 합니다. 이 땅에 살면서 무한하신 하나님이 누구이며 그분의 사랑이 어떠한지, 그리고 그리스도 안에서 사는 재미가 어떠한지 체험한 것에 감사드려야 합니다. 우리가 현재의 모습대로 창조된 것, 곧 우리의 성격과 재능과 생김새와 우리의 부모에 대한 그 모든 것이 하나님의 섭리와 계획 가운데 각자에게 독특하게 주어진 것에 감사드려야 합니다. 그리고 아이들에게 이것을 가르쳐야 합니다. 그래서 아이들이 어릴 때부터 하나님이 나를 이렇게 특별하게 사랑하신다는 특권의식을 갖게 해야 합니다.

다윗은 "내가 주께 감사하옴은 나를 지으심이 심히 기묘하심이라 주께서 하시는 일이 기이함을 내 영혼이 잘 아나이다"(시 139:14)라고 고백했습니다. 우리도 자신의 모습을 그대로 수용하면서 "하나님, 저를 통해 이루고자 하시는 주(主)의 뜻이 무엇입니까?"라고 물어야 합니다. 왜 나를 이렇게 만들어서 저 사람처럼 안 해 주느냐고 하지 않고, 자신을 수용하기 시작하면서 절대자 하나님을 발견할 때 자신을 발견하게 됩니다. 그러면 다른 사람들도 수용할 수 있게 됩니다. 저 사람은 머리가 좋은데 나는 나쁘고, 저 사람은 부자인데 나는 가난하다는 식으로 다른 사람만 쳐다보면 자신을 발견할 수 없습니다. 사랑은 상대방을 있는 그대로 수용하는 것입니다. 어떻게 해서든지 내 마음에 맞도록 바꿔 놓으려고 하지 않는 것입니다.

예수 믿는 한 남자가 부부간에 갈등이 너무 심하니까 이혼하겠다고 저를 찾아왔습니다. 그리고 이렇게 말했습니다. "저는 집에 가서 아내 얼굴만 보면 끈으로 목을 졸라매는 것 같습니다." 그 사람의 아내는 사사건건 남편의 행동을 제지하고, 자신의 뜻대로 남편을 움직이려고 했습니다. 자기 마음에 안 드는 것은 절대로 못하게 했습니다. 그래서 남편은 아내가 뭐라고 할까

봐 눈치 보고 긴장하느라 숨이 막혔던 것입니다.

자녀의 개성을 존중하지 않고 자기 뜻대로 키우려고 하는 부모들은 자녀를 있는 그대로 수용하는 것을 배워야 합니다. 그 아이를 향한 하나님의 뜻이 있음을 알아야 합니다.

우리가 왜 예수님을 좋아합니까? 우리의 이 모습 이대로 받아 주시기 때문 아닙니까? 로마서 5장 8절을 보면, 우리가 죄인이어서 사랑할 만한 가치가 없을 때 하나님이 우리를 사랑하셔서 예수 그리스도를 보내어 우리 대신 죽게 하셨다고 했습니다. 사랑할 가치가 없는 대상을 사랑할 때 진짜 사랑이 나타납니다. 내 마음에 들게 다 바꿔 놓고 나서 사랑하는 것은 자기만족이고 자기도취입니다.

사랑은 받는 것보다 주는 데서 만족을 찾습니다. 주고 나서 저 사람이 나에게 무엇을 주지 않을까 기대하는 것은 사랑이 아닙니다. 결혼식에 가 보면 참 민망한 모습을 보게 됩니다. 하객들 가운데는 얼굴만 내밀려고 온 사람들도 많습니다. 얼굴만 내밀러 왔기 때문에 빨리 가야 한다며 식장에는 들어가지 않고 밖에서 서성거리기만 합니다. 그렇게라도 참석해야 이다음에 내 자식이 결혼할 때 그 사람이 올 것 아니냐는 것입니다. 또 부조(扶助)를 얼마 내는지도 계산합니다. 저 사람이 5만 원 냈기 때문에 나도 5만 원 낸다고 합니다. 참 각박한 세상입니다. 사랑은 받는 것보다 주는 데서 만족을 찾습니다.

사랑은 그 사람에게 관심을 두지 다른 사람이나 다른 것에 관심을 두지 않습니다. 결혼은 이 여자와 해 놓고 관심은 저 여자에게 가 있는 사람들을 가끔 봅니다. 우리는 배우자에게 최고의 관심을 둬야 합니다.

사랑은 성장하는 것이지 갑자기 솟아나는 것이 아닙니다. 갑자기 솟아나는 것은 갑자기 없어집니다. "목사님, 이제 저는 사랑하지 않아요. 옛날에 결혼할 때의 그 사랑이 없어졌습니다"라고 고백하는 사람들이 있습니다. 그들은 사랑을 그저 감정으로 생각하는 것입니다. 그러나 사랑은 감정보다 의지입니다. 사랑의 행동이 반복될 때 그 가운데 사랑이 살아납니다.

유대인들의 연극인 〈지붕 위의 바이올린〉을 보면 이런 장면이 나옵니다. 주인공 할아버지가 할머니에게 "당신, 나를 사랑하오?"라고 질문합니다. 그러자 할머니는 눈을 부릅뜨고 "이제 와서 그게 무슨 소리에요? 내가 당신을 위해서 빨래하고 밥하고 아기 낳아 줬는데, 이제 와서 날더러 사랑하느냐고요?" 하면서 윽박지릅니다. 저는 그 할머니의 표현 속에서 사랑이란 바로 상대방을 위해 밥해 주고 빨래해 주는 행위, 곧 작은 친절이라는 것을 알았습니다. 사랑이 샘솟듯 마구 솟아나다가 뚝 끊어지는 것은 욕정입니다. 사랑은 그저 꾸준히 선을 베풀며 성장하는 것입니다.

# 신앙의 중심을
# 남편이 잡아야 한다

⋮ 남편은 영적 책임을 감당하는 사람입니다(엡 5:25~27; 6:4; 욥 1:5). 가족의 영적 성장에 대해 책임을 집니다. 남편은 기도를 가장 큰 무기로 사용해서 아내와 자녀들의 신앙을 위해 기도해야 합니다. 남편 때문에 아내의 신앙이 성장하면 그 남편은 신앙적인 남편으로서 제대로 서 가는 것입니다. 그런데 안타깝게도 한국의 남성도(男聖徒)들은 아내의 신앙을 따라가는 경우가 많습니다. 대개 신앙은 아내에게 맡기고, 자신은 나가서 돈만 벌어 오면 된다는 식입니다.

남편은 건전하고 복음적인 교회에서 충성스럽게 봉사해야 합니다. 극단적인 교회에서 성장하면 사람이 극단적으로 되고 맙니다. 그래서 '건전한' 교회에 나가야 합니다. 또 복음적이지 않고 비성경적인 교회에 가면 온 가족을 그릇 인도하게 됩니다. 그래서 '복음적인' 교회에 나가야 합니다. 건전하고 복음적인 교회에서 충성스럽게 주님을 섬기는 아버지의 모습을 보는 자녀들은 자신도 이다음에 커서 저렇게 봉사해야겠다고 생각하게 됩니다.

남편은 가정 예배를 인도하고 신앙생활에 기준을 세워야 합니다. 저는 어릴 때 가정 예배를 아침저녁으로 하루에 두 번씩 드렸습니다. 그런데 그 시간이 제게는 때로 고역이었습니다. 예배 시간에 꼼짝도 못하고 앉아서 시작부터 그 시간이 끝나기를 기다릴 때도 있었습니다. 물론 어머니가 정기적으로 가정 예배를 인도하시고, 자녀를 위해 매일 이름을 불러 가며 기도하시고, 말씀 읽고 찬송하는 것을 가르쳐 주신 것은 참 좋았습니다.

가정 예배를 인도할 때 한 가지 고려해야 할 것이 있습니다. 아이들은 역시 아이들입니다. 아이들의 특성을 이해해야 합니다. 아이들은 오래 앉아 있지 못합니다. 어릴수록 예배 시간이 짧아야 합니다. 그리고 재미있고 편안해야 합니다. 자연스럽게 예배드릴 수 있어야 합니다. 자연스러운 분위기에서 자연스럽게 앉아서 즐거운 시간을 보낼 수 있어야 합니다. 그래서 아빠, 엄마와 함께 찬송도 부르고 성경도 읽고 성경 얘기도 듣고 서로 대화도 나눈 즐거운 시간이었다는 생각을 하게 해야 합니다. 자라는 자녀들에게 교회 생활과 신앙생활은 재미있고 영적으로 유익해야 합니다. 영적으로 유익하기는 한데 재미가 없으면, 교회에 대한 생각만 해도 머리가 아픕니다. 어떻게 하면 교회에서 멀리 달아날까 궁리하게 되고, 자신을 힘들게 하는 부모님도 싫어하게 됩니다.

예수 믿는 것이 재미있어야 합니다. 이것은 중요한 이야기입니다. 예수님은 우리에게 풍성한 삶을 주겠다고 말씀하셨습니다. 그런데 아이들에게 바짝 마른 삶을 살게 하면 어떻게 합니까? 예수 믿으면 경건해져야 한다면서 만날 심각해서는 안 됩니다. 심각한 것이 꼭 경건한 것입니까? 경건하면서도 재미있을 수는 없습니까? 가정 예배의 시간을 즐거운 시간으로 만들어야 합니다. 화음도 맞춰 가면서 즐겁게 찬송하고, 하나님의 말씀을 재미있게 읽을 때 설령 그 아이가 다 깨닫지는 못했을지라도 먼 훗날 "집에서 예배드릴 때 즐거웠다"라고 회상하게 됩니다.

교회가 재미없어서 평생 교회에 안 나오는 사람이 있었습니다. 전도해도 막무가내였습니다. 학창 시절에 교회에서 상처를 받았기 때문입니다. 저는 그 사람의 아들에게만은 교회가 얼마나 재미있는 곳인지 책임지고 보여 줘야겠다고 생각하고, 그 아이에게 특별히 관심을 쏟았습니다. 만날 때마다 격려해 주고, 기도해 주고, 교회가 얼마나 재미있는 곳인지 보여 주려고 애썼습니다. 그 아이의 담당 교사와 교역자에게 재미있게 인도하고, 기도하고 찬송하고, 재미있게 놀아 주라고 당부했습니다. 그랬더니 감사하게도 그 아이는 아버지와 다르게 하나님 앞에 헌신했습니다. 그리고 자라서 교회의 장로가 되었습니다.

저는 청소년 운동을 할 때도 청소년 지도자에게 영성(靈性)과 재미를 겸비해야 한다고 늘 주장합니다. 이런 일은 집에서부터 시작해야 합니다. 예수 믿는 것이 재미있고 좋다는 생각을 심어 줘야 합니다.

남편은 하나님 아버지의 모습을 보여 줘야 합니다. 하나님 아버지의 모습은 거룩함과 사랑, 훈계, 인도하심, 안정감, 돌보심입니다. 가장으로서 자녀들에게 하나님의 모습을 언어와 상징을 통해 보여 줘야 합니다.

또한 가장은 자녀들을 기도와 축복으로 하나님께 드려야 합니다. 부모는 늘 자녀를 위해 기도하는 것이 중요합니다. "이 아이들을 받아 주소서. 이 아이들을 인도하소서. 이 아이들을 돌보소서. 이 아이들을 통해 영광 받아 주옵소서. 이 아이들이 주님을 위해 일하게 하소서." 이렇게 기도로 자녀들을 계속 주님 앞에 바칠 때 아이들은 주님을 위해 살아야 한다는 사실을 알게 됩니다. 그리고 "너희는 하나님의 자녀이고, 하나님이 너희를 사랑하신단다. 하나님이 돌보시니 걱정하지 마라. 주님이 다 뜻이 있어서 그러시는 거야"라고 계속 축복할 때 아이들의 삶에는 반드시 축복이 나타납니다.

## 가족을
## 먹여 살릴 책임

디모데전서 5장 8절에서 "누구든지 자기 친족 특히 자기 가족을 돌보지 아니하면 믿음을 배반한 자요 불신자보다 더 악한 자니라"고 했습니다. 가장은 자신의 가족에 대해 철저한 책임을 져야 합니다. 하나님은 아내를 가정의 생계유지 책임자로 삼지 않으셨습니다. 물론 아내가 도울 수 있습니다. 그러나 총책임자는 아닙니다. 남편에게 이 책임이 있습니다. 남편이 가정을 돌보지 못하고 생계를 책임지지 못하면 가장으로서의 역할과 자신의 자존심을 유지하는 데 상당한 어려움을 겪습니다.

물론 생계를 책임지고 싶어도 상황이 어려워서 그렇게 못할 수 있습니다. 그러나 최소한 가장으로서 책임을 다하기 위해 뼈를 깎는 고통을 감수하고, 손수레를 끌더라도 전력을 다해 가족을 먹여 살리겠다고 희생하는 모습을 보일 때 설령 집에 돈이 없어도 자녀는 아버지를 축복합니다. 아버지 생각을 할 때마다 그 수고를 통해 우리가 교육받고 이렇게 자라고 있다는 고마움을 느낍니다.


## 자녀에 대한
## 최종 책임

자녀에게 어머니의 역할은 대단히 중요합니다. 자녀는 어머니와 시간을 많이 보내기 때문입니다. 그러나 자녀의 훈련에 대한 마지막 책임은 역시 아버지에게 있습니다(엡 6:4; 골 3:21).

여자는 하나님의 걸작품입니다.
하나님이 특별히 계획하고 창조하셨기 때문입니다.
여성을 위한 하나님의 섭리를 이해하고, 여성 본래의 모습을 회복할 때
여성은 가치 있고 보람 있는 삶을 즐길 수 있습니다.

# 당신은
# 하나님의 마지막
# 걸작품입니다

# 여자는
# 하나님의 걸작품

여자는 하나님의 걸작품입니다. 하나님이 특별히 계획(design)하고 창조하셨기 때문입니다(창 1:26~27; 2:21~23). 여자는 하나님의 형상을 따라 창조되어 그분을 닮았는데, 이 사실에는 5가지 존재적 차원의 의미가 있습니다.

## 인격적 존재

여자는 인격적인 존재입니다. 물건은 비인격적이어서 떨어뜨려도 아프다고 느끼지 못합니다. 그러나 인간은 인격적인 존재이기 때문에 인격적으로 사귀고 인격적으로 대해야만 그 존재의 참된 가치가 나타납니다. 인격적 존재는 영적, 육체적, 정신적, 감정적, 사회적 특성을 소유한 개체입니다.

제가 가장 안타깝게 생각하는 것 가운데 하나는 결혼 생활에서 남편이 아내를 때리는 것입니다. 요즘에는 남편을 때리는 아내들도 있다고 합니다. 그러나 대개는 남편이 아내를 때립니다. 사람은 인격적으로 대해야 합니다. 여자와 싸워서 이기는 남자가 가장 치사합니다. 더구나 주먹으로 여자에게 이기는 남자는 남자도 아닙니다.

하나님은 인격적인 존재이십니다. 그분의 형상을 닮은 우리도 인격적인 존재입니다. 그러므로 우리는 서로를 인격적으로 사랑하고 존경하고 위해야 합니다.

## 이성적 존재

여자는 이성적 존재입니다. 여자에게는 이성(理性)을 사용해서 합리적이고 창의적으로 생각할 수 있는 능력이 있습니다. "당신이 뭘 안다고. 여자가…" 하는 식의 말은 안 통합니다. 하나님이 창조할 수 있는 능력, 생각할 수 있는 능력, 논리적으로 생각을 전개할 수 있는 능력을 가지신 것처럼 하나님의 형상을 입어 창조된 여자도 역시 이성적인 존재이기 때문에 그렇게 할 수 있습니다.

## 도덕적 존재

여자는 도덕적인 존재입니다. 선과 악을 구별할 줄 알고, 스스로 선과 악을 선택할 줄 압니다. 자신이 선택한 결정에 대해 책임을 느끼는 능력이 있습니다. 여자는 잘했으면 기분이 좋고 잘못했으면 양심의 가책을 느끼는 도덕적인 존재입니다.

## 자아의식을 가진 존재

여자는 자아의식을 가진 존재입니다. 여자에게는 자신과 자신의 생각과 행동을 스스로 의식하면서 스스로 정해서 살 수 있는 능력이 있습니다.

## 영적 존재

여자는 영적인 존재입니다. 여자에게는 하나님을 알고 사랑하며 섬길 수 있는 능력이 있습니다. 또 영원을 생각하고 사모하는 마음이 있습니다.

여자는 하나님의 형상을 지녔기 때문에 인격적인 존재요, 이성적인 존재요, 도덕적인 존재요, 자아의식이 있는 존재요, 영적인 존재입니다. 인격적인 존재이므로 인격적으로 대접받아야 하고, 이성적인 존재이므로 생각을 존중받아야 하고, 도덕적인 존재이므로 책임을 져야 합니다. 자아의식을 가진 존재이므로 자신이 무엇을 할지, 어떻게 할지, 어디로 가야 할지, 어떻게 살아야 할지를 결정할 수 있습니다. 영적 존재이므로 하나님을 사랑하면서 살 수 있습니다.


## 남자와 다른 여자,
## 그 특별함

: 　　　　　하나님은 남자와 다른 여자를 '특별히' 의도하고 지으셨습니다. 여자는 창조 목적이 처음부터 남자와 달랐습니다. 먼저 여자는 특성적으로 다릅니다.

"하나님이 자기 형상 곧 하나님의 형상대로 사람을 창조하시되 남자와 여자를 창조하시고"(창 1:27).

히브리어로 '남성'이라는 단어는 '자카르'이고, '여성'은 '네케바'로 서로 전혀 다른 단어입니다. 어원에서나 음감에서나 글자의 모양에서나 두 단어 사이에 유사한 데가 전혀 없습니다.

"남자에게서 취하였은즉 여자라 부르리라"(창 2:23).

이때 '남자'라는 단어는 '이쉬', 곧 '힘을 쓴다'(to exercise power)

라는 의미고 '여자'라는 단어는 '이사', 곧 '부드럽다'(to be soft)라는 의미입니다. 남자의 특징은 힘이고, 여자의 특징은 부드러움입니다. 하나님이 아예 처음부터 시작을 다르게 하셨고, 다른 목적을 가지고 여자와 남자를 만드셨습니다. 그래서 그 목적에 부합하도록 사는 여자는 자신이 여자로서 하나님의 걸작품인 것을 알고 만족스러운 인생을 삽니다. 그러나 "나는 어쩌다가 여자로 태어났나"라고 하면서 남자를 닮아 가려고 하면 결국 불행한 사람이 됩니다.

둘째로, 여자는 육체적으로 다릅니다. 여자의 몸은 특수하게 계획되어 생명을 생성하기에 적합합니다. 여자의 몸은 생명을 잉태하고 생명을 키우고 어린아이가 편히 안길 수 있도록 특수하게 만들어졌습니다.

셋째로, 남자와 여자는 역할과 반응이 다릅니다. 하나님은 남자와 여자가 같은 역할을 하도록 창조하지 않으셨습니다. 남자는 가장으로서 책임을 지게 하셨고, 여자는 남자에게 순종하며 협력하는 역할을 하도록 지으셨습니다. 그래서 하나의 가정에서 두 개의 목적이 이뤄지는 것이 아니라, 하나의 목적이 이뤄지게 되어 있습니다. 부부는 한 가지 목적을 향해 가는 것입니다. 남자는 가정의 행정 책임자로서 가족을 통솔해서 이끌어 갑니다. 아내의 역할은 이와 또 다릅니다. 그러나 남편과 아내의 역할이 달라도 한 사람은 당기고 한 사람은 밀면서 그 가정이 하나의 목적을 향해 가는 것입니다. 하나님이 창조하실 때 이렇게 다른 역할을 하도록 이미 결정하셨습니다(창 2:18). 신약에서도 그 진리가 다시 확증되었습니다(엡 5:22~23).

하나님이 아담을 도우라고 창조하신 하와는 남자보다 열등한 존재가 아니라 동등한 인격적 개체입니다. 역할이 다를 뿐입니다. 남자에게 저항하기보다 그를 보호해 주는 존재입니다. 남자의 경쟁 대상이 되기보다는 보완의 대상입니다. 남자를 지배하기보다 그를 사랑하고 존경하는 존재입니다.

여자는 반응도 남자와 다릅니다. 여자는 만사에 이해와 사랑의 마음으로 반응합니다. 여자들이 이해심과 사랑이 훨씬 더 많습니다. 본래 여자에게는 사랑의 마음이 있습니다.

하나님이 처음에 창조하신 여자는 부드러움과 애정이 그 특징이었습니다. 모세의 어머니 요게벳의 심성을 보십시오. 예수님의 무덤에 찾아온 여인들을 보십시오. 그들은 예수님의 십자가 처형 후, 그분의 시신에 향유를 바르려고 새벽부터 무덤에 찾아왔습니다. 그러나 슬픔과 실망과 두려움에 빠진 열한 명의 남자 제자들은 다 도망가고 숨어 버렸습니다. 여자들은 돌보고 사랑하고 아끼는 특징을 갖고 있습니다. 여인들의 반응은 예수님에 대한 사랑으로 나타났습니다(막 16:1). 이 부분이 잘 계발되면 여자들 때문에 인간 세계가 풍성해집니다. 이 세상이 더욱 부드러워지고 아름다워집니다.

# 하나님이 여자를
# 창조하신 목적

:

## 남자의 고독을 해결하고 보완하기 위해

아담은 쌍쌍으로 지나가는 각종 동물들의 이름을 지어 준 후 자신만 혼자라는 생각을 하게 되었습니다. 이때 하나님은 남자가 혼자 사는 것이 좋지 못하다며 여자를 만드셨습니다(창 2:18). 결국 여자는 남자의 고독을 해결하고 보완하기 위해 창조된 것입니다.

## 결혼 제도를 세우기 위해

여자는 아내와 어머니의 역할을 위해 창조되었습니다. 그러므로 이 역할을 저버리면 여자로서의 위치를 상실합니다. 그런데 아기를 낳지 못하는 사람도 있고 결혼하지 않는 여자들도 있습니다. 미혼녀이거나 아기가 없더라도 모성적(motherly)일 수는 있습니다. 본래 하나님이 여자를 그렇게 창조하셨기 때문입니다.

이 세상에는 어머니가 있으면서도 평생 어머니의 사랑을 못 받은 사람이 많습니다. 어머니 슬하에서 자랐다고 해서 여자의 깊은 사랑을 다 느끼고 자란 것은 아닙니다. 아기를 낳은 어머니이기는 한데 어머니답지 못한 사람도 있습니다. 여자의 특징을 발휘하거나 계발하지 못하고, 자신이 지음 받은 목적이 무엇인지 몰라서 어머니 역할을 못 하는 사람도 있습니다. 그런 어머니

밑에서 자란 사람에게는 교회 안에 있는 사람들 중 누군가가 애정과 돌봄과 어머니의 친근함을 느낄 수 있게 어머니의 역할을 해 줘야 합니다. 설령 자신이 어머니가 아니고 아기를 낳아 본 적이 없어도 말입니다.

독신 남자나 여자는 아담이 경험했던 고독과 부족함을 다 느낍니다. 예외적으로 하나님이 독신의 은사를 허락하신 경우가 있지만, 그것은 어디까지나 예외지 원칙은 아닙니다. 남자도 그렇고 여자도 그렇습니다. 하나님의 특별한 섭리가 있어서 결혼하지 않는 경우를 제외하고는 으레 결혼할 것을 자청하고, 결혼을 위해 준비해야 합니다.


## 독립된 가정을 이루기 위해

하나님은 결혼 제도를 처음 세우실 때부터 "떠나라", "연합하라"고 명령하심으로써 아담과 하와에게 새 가정을 이루게 하셨습니다(창 2:24). 부모는 자녀가 결혼하면 완전히 독립된 가정을 이루게 해야 합니다.

한국은 고부간 문제로 유명합니다. 시어머니가 며느리를 자기 딸처럼 생각하면 문제가 없을 텐데 말입니다. 며느리가 자기 집을 떠나서 모든 것이 낯선 시댁에 적응하며 산다는 것은, 그 자체가 참 힘든 일입니다. 그런데 시어머니까지 협조를 안 하면 얼마나 더 힘들겠습니까? 시어머니 때문에 고생하는 젊은 여자들을 보면 참 애처롭습니다. 결혼해서 남편에게 적응하는 것만으로도 보통 문제가 아닌데, 시어머니, 시아버지, 시누이, 시동생과 관계를 맺어 나가려면 얼마나 어렵겠습니까?

아들이 결혼하면 며느리와 아들을 독립시킬 생각을 해야지 언제까지 붙들고 있을 것입니까? 아들을 계속 품에 안으려고 하는 것은 성경적이지 않습니다. 한국 문화적일 수는 있지만 성경적이지는 않습니다. 부모를 떠나서 아내와 연합하는 것이 성경적입니다. 자녀가 가정을 이루면 그 가정을 새 가정으로 인정하고, 며느리가 새 가정의 여자 주인으로서 일할 수 있도록 기회를 줘야 합니다. 하나님이 독립된 새 가정을 세우신 것을 알고, 아들이 결혼하기 전부터 일찌감치 마음 정리를 해야 합니다.

만날 찾아오던 아들이 아내를 맞더니 자신에게 소홀해진다면 어머니는 물론 섭섭할 수밖에 없습니다. 아들의 입장에서는 이제 막 맞아들인 아내에게 열중하는 것이 당연합니다. 그러나 아들도 어머니가 섭섭해 하지 않도록 조심해야 합니다.

저도 옛날에 형님이 결혼하고 나서 참 섭섭했습니다. 거의 매주 편지하던 형님이 편지를 안 했습니다. 저는 서울에서 혼자 고등학교에 다니고 있었고 형님은 부산에 있었는데, 매주 편지를 하다가 결혼하더니 편지가 끊어졌습니다. 얼마 지나서야 형님이 형수님께 열중하는 것이 당연하다는 생각이 들었습니다.

부모는 자녀들이 출가하여 가정을 꾸미면 그 가정을 독립된 가정으로 인정해 주고, 독립적으로 살도록 협조해야 합니다. '떠남과 연합의 원리'는 예수님의 말씀과 신약의 서신에서도 거듭 확인되었습니다.

'한 몸의 원리'는 하나님이 애초부터 일부일처제를 작정하셨음을 보여 줍니다. 예수님도 일부일처제를 강조하셨습니다.

> "사람을 지으신 이가 본래 그들을 남자와 여자로 지으시고 말씀하시기를 그러므로 사람이 그 부모를 떠나서 아내에게 합하여 그 둘이 한 몸이 될지니라 하신 것을 읽지 못하였느냐 그런즉 이제 둘이 아니요 한 몸이니 그러므로 하나님이 짝지어 주신 것을 사람이 나누지 못할지니라 하시니"(마 19:4~6).

하나님이 아담과 하와에게 떠남과 연합의 명령을 하셨을 때 그들에게는 부모가 없었습니다. 그런 것으로 볼 때 이 원리가 대단히 중요함을 알 수 있습니다. 부모에게 의존하게 하려고 하셨으면 어머니, 아버지도 하나씩 만들어 놓으셨을 텐데 말입니다. 처음으로 결혼 제도가 생겼을 때 이 지상에는 신랑 신부인 아담과 하와, 둘밖에 없었습니다.

떠남의 원리를 따른다고 해서 부모님을 무시하라는 것이 아닙니다. 한 가정을 따로 세워 독립시키는 데 주력해야 한다는 의미입니다.

# 여자라는
# 영광스러운 자리

:             여자의 위치는 대단히 영예로운 자리요, 영광
스러운 자리입니다.

## 한 여인을 통해 예수가 탄생하다

하나님은 귀한 일에 마리아를 선택하심으로써 여성에게 영광을
부여하셨습니다. 인간인 한 여성을 택해서 그 여성의 몸을 통해
하나님의 아들 독생자 예수가 태어나게 하셨습니다. 그럼으로
써 여성에게 영광스러운 위치를 허락하셨습니다. 예수님을 세
상에 태어나게 하기 위해 한 여인을 택하신 것입니다.

물론 예언이 성취되어야 하기 때문이지만(마 1:23), 창세전에
전혀 다른 방법을 선택할 수도 있지 않았을까 싶습니다. 구태여
여자를 통해 낳게 할 필요는 없지 않습니까? 창조주 하나님이
그것을 못하시겠습니까? 예수님이 이 세상에 오시기 전에 여호
와의 사자(使者)로 구약성경에 나타났듯이, 성인(成人)으로 이 땅
에 오실 수도 있었을 것입니다. 그런데 하나님은 그렇게 하시지
않고, 한 여인을 택해서 예수님을 어린 생명체로 이 땅에 보내셨
습니다. 여건이 대단히 어려운데도 마리아에게 예수님을 낳게
하셨습니다(눅 2:7).

하나님이 한 가정을 통해 예수님이 성장하게 하신 것을 보면

가정의 중요함을 확신할 수 있습니다. 예수님이 한 가정에서 부모의 인도를 받으며 자라게 하실 만큼 하나님은 가정을 중요하게 여기셨습니다.

## 여자들을 사랑으로 돌보신 예수님

예수님은 여자들에게 특별한 관심을 가지셨습니다. 아들을 잃은 과부를 불쌍히 여기시고 그 아들을 살려 주셨습니다(눅 7:11~17).

죄 많은 한 여인에게 사랑을 표현하셨습니다. 예수님은 한 바리새인의 초대로 그의 집에서 식사하시게 되었습니다. 그런데 웬 여자 한 명이 들어오더니 예수님을 붙들고 눈물을 흘리면서 향유를 예수님의 머리와 발에 발랐습니다. 그리고 그 발에 입을 맞추며 예수님 앞에서 눈물을 흘렸습니다. 그런데도 예수님이 가만히 계시니까 바리새인은 예수님을 판단했습니다. 그러자 예수님은 그에게 "너는 내게 발 씻을 물도 주지 않았다"(눅 7:44)고 책망하셨습니다. 유대에서는 손님을 접대할 때 발 씻으라고 물을 가져다주는 풍습이 있었습니다.

예수님은 좋지 않은 여자라고 온 동네에 소문이 자자했던 여자에게 죄가 클수록 용서가 크다고 하시면서 "네 믿음이 너를 구원하였으니 평안히 가라"(눅 7:50)고 하셨습니다.

예수님은 비싼 향유로 머리를 발라 준 마리아(마르다의 동생)에게 고마움을 표시하셨습니다(막 14:3~9). 그리고 마리아가 영원토록 존경을 받고 들림을 받을 것이라고 말씀하셨습니다.

예수님은 십자가 위에서도 어머니 마리아에게 관심을 보이셨습니다(요 19:26~27). 돌아가시는 순간인데도 제자 요한에게 어머니를 돌봐 줄 것을 부탁하셨습니다.

이처럼 예수님은 여성들의 형편에 아주 민감하셨습니다. 남자들은 이렇게 여성에 대해 친절과 애정을 표시하는 것을 본받아야 합니다.

## 아내와 어머니라는 특별한 자리

아내는 축복의 자리입니다. 남편과 하나가 되는 자리(창 2:24)입니다. 남편의 칭찬을 듣는 자리(잠 31:28)입니다. 남편의 사랑을 받는 자리(엡 5:25)입니다. 남편의 존경을 받는 자리(벧전 3:7)입니다. 남편이 돌봐 주는 자리(딤전 5:8)입니다.

그리고 어머니로서의 중요한 위치가 있습니다. 어머니는 자녀들에게 존경받는 위치(잠 31:28)입니다. 자녀들에게 공경받는 위치(출 20:12)입니다. 자녀들에게 축복받는 위치(엡 6:2)입니다. 자녀를 낳아서 인류의 역사를 지속시키는 위치(창 1:28)입니다. 여자가 아기를 낳음으로써 인류는 존속될 수 있습니다. 그뿐 아니라 여자는 하나님 나라의 시민을 만들어 내는 축복도 받았습니다. 결국 여자에게서 태어난 사람들이 예수 믿어서 하늘나라의 시민이 되지 않습니까? 또한 어머니는 자녀들에게 긍정적이고 영원한 영향을 주는 위치입니다.

아내로서, 어머니로서의 위치를 보면 여자의 자리는 특별한 자리임을 알 수 있습니다. 여자에게는 하나님의 특별한 목적이 있고, 특별한 은혜가 있습니다. 여자는 하나님의 특유한 걸작품입니다. 자신의 위치와 역할, 자신의 모습과 특징을 깨달아 그것에 맞게 살 때 풍성한 삶을 살 수 있습니다.

여자는 남자와 다른 특유한 목적을 위해 여성으로서의 육체적, 감정적 특징을 소유한 존재로 창조되었습니다. 특별한 축복을 누릴 수 있게 되었습니다. 여성을 위한 하나님의 섭리를 철저히 파악하고 여성 본래의 모습을 회복할 때 여성은 가치 있고 보람 있는 삶을 즐길 수 있습니다. 하나님의 뜻을 이 땅에 이뤄 드리며 살 수 있습니다. 오늘부터 "주여! 저를 여자로 만들어 주신 것에 감사합니다" 하는 감사가 입술에서 나오게 되기를 바랍니다.

원만한 가정생활과 건전한 그리스도인의 가정은 우연히
이뤄지는 것이 아닙니다. 아내가 자신의 가치관과 삶의 우선순위를
결혼 초기에 선택해야 하고, 남편과 함께 매일같이 그것을 이루기 위해
노력해야 합니다. 그렇게 살아야 삶의 목표가 현실화됩니다.

**04**

결혼은 영혼의 키를
자라게 하는
성장판입니다

# 결혼 생활에서
# 꼭 각오해야 할 일들

⋮

### 결혼은 하나님이 만드신 제도임을 인정하라

먼저 남편과 아내의 행복을 위해 결혼이라는 제도를 만드신 분이 바로 하나님임을 인정해야 합니다. 하나님을 알게 될 때, 예수 그리스도를 우리의 구주로 알게 될 때 결혼의 참모습과 의미가 무엇인지 정확하게 알 수 있습니다. 하나님이 가정을 계획하고 세우신 것이 사실이라면, 그분이 의도하신 대로 자신의 위치를 찾으려고 노력해야 가정생활이 원만할 것입니다. 하나님의 계획에서 멀수록 가정생활은 상당히 어려워집니다.

결혼 제도를 세우신 하나님은 남편과 아내의 관계를 특별하게 만드셨습니다. 남편은 다른 누구와도 비교할 수 없는 특별한 존재인 아내를 필요로 합니다. 남편에게 필요한 도움은 진정한 의미에서 아내만이 줄 수 있습니다. 세상의 그 어떤 사람보다 아내가 남편에게 가장 중요하고 적합한 사람이며, 그의 절실한 필요를 채워 줄 수 있습니다. 심지어 어머니도 아들의 모든 필요를 채워 줄 수는 없습니다. 오직 아내만 남편의 필요를 완전히 채울 수 있는 특별한 사람입니다.

남편 쪽에서 아내를 볼 때 이 여자는 나의 개인적 필요를 완전히 채울 수 있는, 나에게는 정말 특별한 사람이라는 생각이 들어야 합니다. 아내의 입장에서도 이 남자의 모든 필요를 나만 아주 특별하게 채울 수 있다는 특권 의식을 가져야 합니다. "나는 이 남자에게 정말 필요한 사람이구나" 하는 자기 위치와 의미를 발견할 때 아내는 만족을 누릴 수 있습니다. 수많은 인간관계가 있지만, 남편과 아내의 관계는 특별한 관계입니다.

## 서로에게 성실하고 충성하라

부부가 서로 성실하고 충성함으로써 그 가정이 강력해져서 밖으로부터 오는 어떤 공격도 이길 수 있어야 합니다. 남편이 아내를 아주 특별하게 사랑하고, 아내는 남편의 필요를 채워 줌으로써 서로 간에 충성과 성실성을 보이면, 그 가정은 부부간에 똘똘 뭉친 강력한 가정이 됩니다. 그리하여 밖에서 어떤 공격이나 위협이 와도 그것을 물리치고, 결국 인생의 전쟁에서 이길 수 있습니다.

제가 관찰해 보니까 집에서 인정받지 못한 남편은 밖에 나가서도 인정을 받을 수 없습니다. 남편과 아내 가운데 여자 쪽이 더 똑똑한 집안은 결국 아내가 주도권을 가집니다. 그런데 자신이 몇 배 더 능력이 있는데도 남편을 앞에 세우는 여자들이 있습니다. 나서기는 남편이 나서는데 사실 뒤의 끈은 아내가 잡고 있습니다. 남편이 주도권을 자신이 쥐었다고 생각하게 말입니다. 그것은 남편을 속이는 것이 아닙니다. 아내가 그만큼 능력 있는 것입니다. 그런 가정은 아내가 똑똑해도 남편은 남편대로 권위와 위신이 서고, 둘이서 하나가 된 가정입니다. 훌륭한 아내일수록 이런 일을 잘합니다.

남편과 아내는 하나가 되어야 합니다. 아내가 능력 있다고 집에서 남편을 우습게 보고 눈치만 보게 하면 남자는 밖에 나가서 성공적으로 살 수 없습니다. 둘이 하나가 될 때, 곧 아내는 아내의 자리에서, 남편은 남편의 자리에서 위치를 지킬 때 강력한 가정이 세워질 수 있습니다.

## 각자의 역할을 수행하라

하나님이 각자에게 맡기신 가정에서의 역할과 태도를 적극적으로 수행해야 합니다. 남편에게는 남편으로서의 위치와 역할이 있고, 아내에게는 아내로서의 위치와 역할이 있습니다. 그 역할과 책임을 적극적으로 수행해야 합니다.

## 서로 사랑하라

부부는 서로를 철저히 사랑해야 합니다. 희생적으로 사랑해야 합니다. 이기심은 상대를 소외시키고, 사랑과 일치를 파괴하고, 삶의 목표를 이루지 못하게 합니다.

감사를 말로 표현해야 합니다. 감사하다고 생각만 하는 것이 아니라, 귀로 들을 수 있게 말로 표현해야 합니다. 상대를 인정하는 것도 말로 표현해야 합니다. 또 배우자와 아이들의 장점을 구체적으로 열거해 보고, 그대로 말해 줘야 합니다. 짐작하는 것과 실제로 듣는 것에는 차이가 있습니다.

격려해 줘야 합니다. 언제 격려가 필요한지 늘 관찰하고, 기회를 찾아서 적절한 시기에 격려해 주는 것이 좋습니다.

## 구체적인 목표를 세우라

원만한 가족 관계를 위해 구체적인 목표를 세워야 합니다. 각자의 영적인 목표와 가정의 공동 목표를 세울 뿐 아니라 가족계획,

재정, 교육 등과 같은 현실적인 목표도 세워야 합니다. 결혼 전에 이런 목표에 관한 대화를 솔직하게 해서 결혼 후에는 부부가 그 목표를 향해 전진해야 합니다.

저는 결혼 주례를 서기 한 달 전쯤 예비 신랑, 신부들에게 이런 질문을 합니다. "신체검사 언제 했는가?" 그럴 경우 검사한 지 2~3년 되었다는 신랑, 신부들이 있습니다. 신부에게는 산부인과를 언제 찾아갔느냐고 물어보는데, 결혼식을 코앞에 두고도 아직 산부인과에 안 가 본 사람들이 많습니다. 미리 산부인과를 찾아가서 가족계획에 대한 문제를 의논해야 합니다. 언제 아기를 가질 것인지, 결혼 전에 구체적인 대화를 해야 합니다. 한 사람은 3년 후에 아기를 갖고 싶고, 한 사람은 6개월 후에 아기를 갖고 싶은 상태로 결혼하면 문제가 있습니다. 이 외에도 구체적인 목표들을 놓고 서로 대화해서 그 대화 속에서 모든 것이 이뤄져야 합니다. 그래야 원만한 가족 관계를 누릴 수 있습니다.

## 솔직하게 대화하라

서로 솔직한 대화를 해야 합니다. 분명한 말로 표현하는 대화여야 합니다. 짐작, 눈치, 암시, 제스처 등과 같은 표현은 오해를 살 가능성이 너무 많습니다. 상대방이 내 말을 이해하고 있는지 확인해야 합니다. 알겠거니 짐작하고 눈치로 파악해서는 마음속을 알 수 없습니다.

## 이 결혼은 영원하다고 각오하라

결혼의 영구성을 처음부터 받아들여야 합니다.

> "남편 있는 여인이 그 남편 생전에는 법으로 그에게 매인 바
> 되나"(롬 7:2).

이혼은 하나님의 의도와 완전히 상반됩니다. 많은 경우 이기심 때문에 이혼합니다. 그리스도가 교회와 이혼하는 것을 상상할 수 있습니까? 그러므로 처음부터 이혼이라는 말은 절대로 꺼내지 말아야 합니다. 물론 이혼에 대한 생각이 날 때도 있습니다. 그것은 어쩔 수 없습니다. 마음속의 생각 때문에 기도하는 사람들도 있는데, 저도 그런 기도를 많이 했습니다. "하나님, 이런 생각이 아예 나지 않게 해 주옵소서." 갑자기 쓸데없는 생각이 나서, '어떻게 예수 믿는 사람이 이런 생각을 하나' 하고 고민도 했습니다. 이 문제에 대한 저의 결론은 이렇습니다.

"생각은 할 수 없다. 좋지 않은 생각을 하고 싶어서 하는 것도 아니고…"

저는 진심으로 하나님을 사랑하고 싶어 합니다. 하나님의 말씀에 철저하게 순종하고 싶어 합니다. 예수님처럼 되고 싶습니다. 그런데 함부로 날뛰는 이 생각만큼은 제 뜻과는 상관없는 방향으로 흐릅니다. 그래서 저는 생각은 어떻게 할 도리가 없지

만 그 생각을 행동으로는 옮기지 말아야겠다는 결론을 내렸습니다. '내가 결혼 잘못 했구나. 이혼해야겠구나' 하는 생각이 불쑥 날 수 있습니다. 그러나 절대로 그 생각을 발설해서는 안 됩니다. 말이라는 것은 한번 들으면 뇌리에 박혀 버리기 때문입니다.

결혼의 영구성에 대한 확고한 생각을 가지고, 단단한 각오로 결혼 생활을 시작해야 합니다.


# 믿는 아내,
# 믿는 어머니로서의 책임
⋮

**주님을 가정의 중심으로 인정하라**

주님을 가정의 기초요, 중심으로 인정해야 합니다. 우리가 아무리 노력해도, 시편 말씀처럼 "여호와께서 집을 세우지 아니하시면 세우는 자의 수고가 헛됩니다"(시 127:1). 결국 하나님이 가정을 세우셔야 하기 때문에 결혼 초기부터 하나님께 완전히 의지하고 도움을 청하면서 가정을 이끌어 나갈 때 가정이 잘될 수 있습니다.


**영적 목표를 세우라**

자신의 영적 목표를 세워야 합니다. 영적 목표를 세우기 원한다면 성경을 보십시오. 성경은 다음과 같이 그 목표를 분명하게 제시하고 있습니다.

베드로전서 3장 1~5절은 남편에 대한, 심지어 불신 남편에 대한 아내의 책임을 강조하고 있습니다. 아내는 '온유하고 조용한 마음'을 가져야 하고, 외모보다 '내적 아름다움'에 더 관심을 가져야 합니다. 내적으로 아름다운 사람이 진짜 아름다운 사람입니다. 물론 겉모습도 중요하나 그것보다는 내적인 아름다움이 더 중요합니다.

디모데전서 2장 9~10절에서는 옷을 검소하게 입으며 선한 일을 많이 하라고 아내들에게 권면합니다. 옷을 소박하게(modest) 입으라는 것은 싸구려를 입으라는 말이 아닙니다. 자기 개성에 따라 조금 화려하게 입을 수도 있습니다. 그러나 옷만 화려하게 입으면 옷만 보이고 그 이면에 들어 있는 사람은 보이지 않게 됩니다. 여자나 남자나 마찬가지입니다. 목 아래보다는 목 위가 중요합니다. 앉아서 대화할 때라든가 사람을 만날 때 드러나는 표정이나 말씨, 태도, 생각, 가치관 등은 목 위와 관계된 것들입니다. 옷이 너무 화려하면 겉만 보이지 속이 안 보입니다. 자신의 모습을 최선으로 드러낼 수 있게 옷을 입되, 소박하게 입어야 합니다.

디모데전서 5장 14절에 따르면, 가정에서의 책임은 여자에게 주어졌습니다. 또한 여자들은 가정에서 깨끗한 신앙의 간증이 유지되도록 노력해야 합니다.

디도서 2장 4~5절은 나이 든 여인들에게 젊은 여인들을 가르치고 깨우치라고 권면합니다. 젊은 사람들은 지적(知的)으로 아무리 많이 알지라도 인생의 경험과 지혜 면에서는 연장자들보다 부족합니다.

"그들로 젊은 여자들을 교훈하되 그 남편과 자녀를 사랑하며 신중하며 순전하며 집안일을 하며 선하며 자기 남편에게 복종하게 하라 이는 하나님의 말씀이 비방을 받지 않게 하려 함이라"(딛 2:4~5).

아무리 학교 다닐 때 공부를 잘했고, 능력이 있고 미모가 있어도 여자가 가정에서 살림을 제대로 못하면 그 가정이 원만할 수 없습니다. 또 만족감도 없습니다. 사회에 나가서 아무리 훌륭해 봤자 가정에서 만족이 없는데 무슨 소용이 있습니까? 가정에 대한 책임은 여자에게 있습니다. 온 식구가 만족하고 행복하게 되는 데는 여자의 역할이 참으로 중요합니다.

여기서 '신중하다'는 말은 생각하는 것이 정중하고 가볍지 않고, 현실적으로 건전한 판단을 한다는 뜻입니다.

'순전하다'는 것은 도덕적으로 깨끗하다는 뜻입니다. 제가 대학생 때 4.19가 일어났는데, 그때 저는 다른 학생들과 함께 동아백화점 앞에 있는 무학성이라는 댄스홀로 갔습니다. 학생들이 우르르 몰려 들어가자 춤추던 여자들이 여기저기 도망가며 숨었습니다. 그런데 그 여자들이 다 가정주부였습니다. 사회가 혼란하던 그 시절, 많은 주부들의 탈선이 있었습니다. 시장 간다고 하며 장바구니를 들고 댄스홀로 가서 외간 남자들과 춤췄습니다. 지금도 모습만 조금 바뀌었을 뿐 여기저기서 순전하지 못한 일들이 벌어지고 있습니다. 여성 잡지에서나 인터넷에서 다루는 기사 제목들을 보십시오.

그러나 우리 그리스도인들은 일주일에 몇 번씩 영적으로 샤워를 하여 심령을 깨끗하게 합니다. 매일 큐티를 하고 수요예배, 금요예배, 주일예배를 드리면서 말입니다.

## 영적으로 성장하라

영적 성장을 추구해야 합니다. 자신의 영적 상태를 성숙하게 하기 위한 책임을 인정해야 합니다. 부부가 함께 다음과 같은 영역을 점검하고, 정기적으로 자신을 평가해 보는 것이 도움이 됩니다.

- 짜증 나는 일이 있는가?
- 속을 썩이고 있는가?
- 좌절감을 느끼고 있는가?
- 상대방의 욕구나 기분에 대해 무관심한가?

- 이기적인 태도가 있는가?
- 기도 생활을 계속하고 있는가?
- 성경을 매일 읽고 있는가?
- 전도나 간증을 하며 사는가?
- 영적 깨달음을 나누고 있는가?
- 작은 걱정들이 가슴에 쌓여 있는가?

이 가운데 작은 걱정들에 대해 한마디 하겠습니다. 작은 걱정이 너무 여러 개가 있으면 머릿속이 혼란스럽습니다. 작은 걱정이 머리 안에서 뒤범벅이 되어 떠돌아다니며 정신을 혼란시킬 때는 그 걱정들을 전부 종이에 써 봐야 합니다. 그리고 그것을 들여다보면서 내가 왜 이것 때문에 걱정하고 불안한지를 검토해 보고, 이것을 어떻게 해야 하는지 생각하며, 써 놓은 걱정거리들을 주님께 맡기고 기도해야 합니다. 그러면 그 순간부터 걱정에서 해방됩니다. 조그만 걱정들이 떠돌아다니면 자신도 모르게 영적으로 약해집니다. 걱정이 없을 수는 없지만, 대개 걱정한 일은 역시 걱정일 뿐이요, 현실은 아닙니다. 그것이 걱정의 특징입니다. 걱정은 세월을 허송하는 것입니다.

**남편과 원만하게 지내라**

남편과의 관계가 원만해야 합니다.

먼저 남편을 존경해야 합니다(엡 5:33). 남편을 존경하지 않으면 남편을 사랑하기가 힘들어집니다. 인간은 누구나 자신을 무시하고 인정하지 않고 가치를 떨어뜨리는 사람을 싫어합니다. 대개 가정에서 남편이 아내에게 무시당하고 존경받지 못하면 꼭 문제가 생깁니다. 집에 가면 무시당하고 인정받지 못하는데, 밖에서 어떤 여자가 칭찬하고 잘해 주면 그쪽으로 마음이 쏠리기 마련입니다. 아내가 입만 열면 남편을 무시하는 가정은 절대로 행복할 수 없습니다.

남편과 대화해야 합니다. 의견 차이가 있을 때도 대화해야 합니다. 의견 차이가 나면 대화가 잘 안 될 때가 있습니다. 그러나 그럴 때라도 대화는 꼭 해야 합니다. 서로 이야기하려고 하지 않으면 점점 대화가 끊깁니다.

남편이 관여하지 않은 상태에서 결정할 때도 남편이 동의할 수 있는 결정을 해야 합니다. 어떤 경우에는 남편 없이도 결정할 수 있습니다. 그러나 남편의 가치관과 남편이 선호하는 것은 알 수 있습니다. 그러한 지식을 바탕으로 서로 동의할 수 있는 결정을 내려야 합니다.

남편에게 순종할 때 건전하고 경건한 원칙이 있어야 하며, 자신의 갖가지 활동에 제한을 둬야 합니다. 하나님이 기뻐하시지 않는 사회 활동은 삼가야 하며, 불법적인 일은 하지 말아야 합니다. 자신과 자녀들의 취미 생활에도 한계가 있어야 합니다.

자녀들의 안전을 언제나 염두에 둬야 하며, 자녀들의 교육은 성경적이어야 합니다.

## 자신을 계발하라

지적(知的)으로 계속 계발하고, 지적 능력을 잘 활용해야 합니다. 남편과는 한 몸이지만 아내는 자신의 인격을 개성 있게 유지해야 합니다. 이것은 참 중요합니다.

미국에 유학 온 부부들을 보면 남편 공부의 뒷바라지를 위해 아내들이 많이 희생합니다. 남편이 공부하는 동안 아내들은 직장에서 일합니다. 미국에서 한국 여자들이 일할 수 있는 곳은 대개 가게나 공장입니다. 남편이 박사 학위를 목표로 7년 공부하는 동안 여자는 공장에 가서 일합니다. 그렇게 아내가 적극적으로 밀어서 남편이 드디어 박사 학위를 취득하고 직장을 얻습니다. 남편이 직장을 얻으면 아내는 일하지 않습니다. 남편은 열심히 공부해서 7년 동안 지적으로 많은 발전을 이루지만, 아내는 7년 동안 가정을 돌보고 공장에 가서 일하느라 지적인 계발을 할 수 없습니다.

남편은 박사 공부가 끝나고 직장에 나가서 계속 사회적으로 활동하면서 자기 계발을 합니다. 그러나 아내는 발전이 없고 후퇴합니다. 남편은 점점 지적으로, 사회적으로 발전하는데 여자는 점점 후퇴하니까 결국 문제가 생깁니다. 남편은 밖에 나가서 아내보다 지적으로나 모든 면에서 훨씬 나은 여자를 만납니다. 옛날에 자신이 어떻게 해서 박사 학위를 받았는지를 잊어버리고, 자기 아내를 우습게 보기 시작합니다.

남편과 아내는 각자 성장해야 합니다. 이것이 잘 안 되면 밖에 나가서 활동하는 남편은 아내를 볼 때 부끄러움을 느낍니다. 말투가 옛날 같지 않고 점점 퇴화해 가는 모습을 볼 때 실망을 느낍니다. 그러므로 남편은 남편대로, 아내는 아내대로 계속 발전해야 합니다.

저는 이런 문제를 해결하는 데 교회가 좋다고 생각합니다. 공동체 생활을 통해 교인들끼리 새로운 얘기도 하고 격려도 받습니다. 모여서 할 일이 없으니까 식도락이나 고스톱만 하는 여자들과 달리 예수 믿는 여자들은 매주 모여서 성가대 합창을 통해 헨델의 〈메시아〉 같은 좋은 음악도 듣고, 설교를 통해 많은 도전도 받습니다. 예수 믿는 사람은 질적으로나 양적으로 많은 발전을 할 수 있어서 좋습니다.


## 가정을 아름답게 꾸미라

하나님과 가족이 좋아하도록 가정을 꾸미고 유지해야 합니다. 집안의 분위기와 환경은 결국 아내가 결정하는 것입니다. 아내는 좋은 가치관을 갖고 가정의 모습을 만들어 가야 합니다.

우선 가정에는 휴식이 있어야 합니다. 가정에 오면 가족들이 쉴 수 있어야 합니다. 또 가정에는 자족감, 힘, 격려, 사랑, 이해, 위로, 질서, 단결, 만족감, 편안함, 자유(표현의 자유)가 있어야합니다. 아이들에게 자신의 생각과 느낌을 표현할 기회를 줘야합니다. 엄마가 집에서 서로 대화를 통해 자유롭게 표현할 수 있도록 격려하면 아이들은 이야기를 잘 합니다. 어른이 말을 시켜도 무서워하거나 피하지 않습니다. 아이가 하고 싶어 하는 얘기를 부모가 동의하지 않더라도 충분히 들어 주는 자유로움이 가정에 있어야 합니다.

가정에는 서로 수용하고 교제하며 평화롭고 (때에 따라) 조용한 분위기가 있어야 합니다. 아이들은 때로 떠들 수 있습니다. 그러나 평화롭고 조용한 가운데 아이들은 아이들대로, 부모는 부모대로 성장하려는 노력이 있어야 합니다. 가정에는 안정감, 예의, 존경심도 있어야 합니다. 존경의 마음이 없으면 예의도 없어집니다. 부부간에도 존경심이 사라지면 예의가 없어집니다. 그러므로 지켜야 할 예의는 지켜야 합니다.

이 외에도 재미와 삶의 훈련과 지적인 자극을 주는 분위기가 있어야 합니다. 이런 분위기를 이끌어 가는 중요한 역할은 아내가 합니다.

원만한 가정생활과 건전한 그리스도인의 가정은 우연히 이뤄지는 것이 아닙니다. 아내가 자신의 가치관과 삶의 우선순위를 결혼 초기에 선택해야 하고, 남편과 함께 매일같이 그것을 이루기 위해 노력해야 합니다. 그래야 삶의 목표들이 현실화됩니다. 결혼 초기부터 우리 가정을 이렇게 만들고 싶다는 목표가 있어야 꾸준히 그 목표를 향해 가정을 이끌어 갈 수 있습니다. 분명하고 확실한 목표가 없으면 결혼 생활은 불안정하게 되고, 실패할 가능성도 있습니다.

사랑은 대화입니다.
행복한 결혼 생활을 위해서는 대화가 절대적으로 필요합니다.
대부분의 가정 문제는 대화 부족에서 발생합니다.

# 대화의
# 꽃이 필때 행복이
# 찾아옵니다

## 사랑은 대화다

⋮ 저는 결혼식 주례를 할 때 사랑이 무엇인지 정의(定義)하는데, 그 가운데 하나가 "사랑은 대화"입니다. 의사소통은 성공적인 결혼 생활의 열쇠입니다. 행복한 결혼 생활을 위해서는 대화가 절대적으로 필요합니다. 대부분의 가정 문제는 대화 부족에서 발생합니다. 결혼 생활 가운데 가장 중요한 것을 몇 개만 간추리라고 하면, 대화가 꼭 들어갈 것입니다. 그리고 결혼 생활을 연구한 사람들의 수많은 책을 봐도 안 빠지고 언급되는 것이 대화입니다. 어떤 전문가든지 결혼에 대해 말할 때마다 대화의 중요성을 강조합니다.

우리는 어릴 때 대화하도록 격려받지 못했습니다. "시끄럽다", "나가 있어", "어른들 말씀하시는데 무슨 잔소리야", "떠들지마"라는 말만 들었지 대화하도록 격려받고 자라지는 못했습니다. 그래서인지 우리나라 사람들은 대화를 주고받는 면에서 상당히 서툽니다. 저도 처음 만난 사람들과는 특별히 노력하지 않으면 대화를 잘 못하는 편입니다. 대학생 때는 대화술을 계발하려고 별의별 책을 다 읽었습니다.

그런데 미국인들은 처음 만났는데도 옛날부터 아는 사람들같이 자연스럽게 대화합니다. 스스럼없이 자신의 의사를 표현하고, 주거니 받거니 합니다. 어려서부터 대화하도록 격려받았기 때문입니다. 우리도 대화의 기술을 계발해야 합니다.

대화 또는 의사소통이란, 생각이나 의견이나 정보를 말이나 글로 주고받는 것입니다. 이는 일방적이지 않습니다. 대화에는 2명 이상이 참여합니다. 한 사람은 말하고 또 한 사람은 듣습니다. 한 사람은 글을 쓰고 또 한 사람은 읽습니다. 결혼 생활에서 각자가 말이나 글로 자신의 의사를 표현할 특권과 기회가 있어야 합니다. 한쪽 편은 계속 말하고 다른 한쪽 편은 계속 듣기만하는 것이 아니라, 서로 주고받는 대화를 해야 합니다.

# 대화에도
# 배려가 필요하다

：　　　　　　　　생각이나 의견을 제대로 나누기 위한 좋은 태도가 필요합니다. 대화할 때는 우선 상대의 말을 듣고 이해하려고 노력해야 합니다. 열심히 말하는데 상대방이 멍하니 있으면 기분이 나쁩니다. 상대방이 말할 때는 귀를 기울여 듣고 이해하려는 노력을 보여야 합니다.

화를 내거나 짜증 내면서 이야기하지 말아야 합니다. 아무리 좋은 말을 해도 화내며 얘기하면 듣고 싶지 않습니다. 아무리 옳은 이야기라도 짜증 내며 얘기하면 상대방은 기분이 상해서 그 말이 옳지 않게 들립니다. 그래서 결국 그 말 때문이 아니라 그 태도 때문에 싸우게 됩니다. "왜 화를 내?", "내가 언제 화냈어?" 이러다가 결국 싸웁니다. 좋은 말은 좋게 해야지, 좋은 말을 기분 나쁘고 짜증 나게 하면 대화가 순조롭게 이뤄지지 못합니다.

또한 대화에 대한 반응이 주님을 기쁘시게 하는 것이어야 합니다. 서로 대화하면서 내 태도가 하나님을 기쁘시게 하는지를 점검해야 합니다.

부부는 좋은 것이나 나쁜 것이나 서로 다 이야기해야 합니다.

부부간의 개인적인 얘기는 단둘이 해야 합니다. 다른 사람들 앞에서 상대방에게 창피를 줘서는 안 됩니다. 아이들 문제는 아이들이 없는 데서 이야기하는 것이 좋습니다.

　제가 가끔 심방을 가면 남편 앞에서 이렇게 말하는 아내들이 있습니다. "목사님, 제 남편이 기도를 안 해요. 기도하라고 말씀 좀 해 주세요." 이런 말은 제가 오기 전에 전화로 했어야 합니다. 남편을 옆에 앉혀 놓고 목사 앞에서 창피를 주고 수치감을 주는 것은 전혀 효과가 없는 방법입니다. 민망하고 어떻게 해야 할지 모르겠습니다. 그동안 남편에게 불평하고 싶었던 것을 제 앞에서 다 하는 것 같습니다. 물론 남편이 듣고 이제는 좀 고치라는 말인데, 그렇게 해서는 기분만 상하지 효과가 없습니다.

　아이들 문제도 마찬가지입니다. 아이들에게 책망할 것이 있으면 부모가 서로 대화하여 결론을 내린 후에 자녀를 불러서 야단쳐야 합니다. 사람들이 많이 있는 곳에서는 내색하지 않다가 사람들이 없을 때 불러서 개인적으로 책망해야 합니다. 아이들은 다른 사람들 앞에서 야단맞으면 수치감을 느낍니다.


## 대화의 부족이 낳은
## 문제들

：　　　　　　대화가 부족하면 서로 기분이 상합니다. 나를 대화 상대로 삼아 주지 않으면 무시당한 것 같아서 기분이 나쁩니다. 오해도 생깁니다. 오해가 심각해지거나 오래갈 수도 있

습니다.

　부부 관계를 해치는 문제가 있는데도 대화가 없으면 서로 모르고 지내게 됩니다. 상대방에게 말했으면 아무렇지도 않았을 문제도 혼자서 괴로워하게 됩니다. 상대방은 의식도 못하고 있는데 혼자서 별 생각을 다하고 전전긍긍하다가 문제가 더욱 심각해지기도 합니다.

　진실이 최고입니다. 진실보다 더 훌륭한 처방은 없습니다. 있는 대로, 느끼는 대로 이야기해야 합니다. 이렇게 말하면 상대방이 어떻게 나올지 걱정돼서 사실을 사실대로 말하지 않고 돌려 말하거나 숨기면, 자신만 힘들어지고 오해가 더 깊어집니다. 어떤 것이라도 솔직하게, 있는 그대로 말하는 것이 최고의 방법입니다. 속상하면 속상한 대로 솔직하게 표현할 때, 문제가 해결될 길이 열립니다.

　사실을 다 알지 못하면 잘못된 결정을 내릴 수 있습니다. 내키지 않아도 다 듣고 나서 결정하면, 사실을 다 알고 결정하는 것이어서 나중에 문제가 생기지 않습니다.

　부부간에 대화할 때는 돈, 교회 봉사, 필요한 물건, 직장, 가족 간의 관계, 성 등 모든 문제를 이야기할 수 있어야 합니다. 성 문제를 솔직하게 이야기하지 않기 때문에 상당한 어려움을 겪는 가정도 있습니다. 느끼는 그대로 솔직하게 표현하고, 자신에게 필요한 것에 대해 대화하면 서로에게 도움이 됩니다.

대화는 말이나 글이나 행동으로 자신의 뜻을 상대방과 주고받는 것입니다. 그런데 우리에게는 죄성이 있기 때문에 마음속의 감정이나 동기, 생각, 욕구를 숨기거나 확대 또는 축소하려는 강력한 경향이 있습니다. 좋은 대화는 자신을 숨기려고 하는 경향을 극복하고, 생각과 느낌을 솔직하게 내놓고 표현할 수 있는 데까지 나아가는 것입니다.

## 소통을 위한
## 노력

⋮                    의사소통이 이뤄지려면 우선 자신을 말, 행동, 태도 등으로 표현해야 합니다. 그리고 상대방은 그 뜻을 정확히 파악하려고 조심스럽게 들어야 합니다. 듣는 사람은 상대방의 뜻을 정확히 이해한 후 반응해야 합니다.

'공감한다'는 것은 상대방이 말하는 것을 정확히 듣고 그 사람의 입장에서 그것을 이해해 주는 것을 말합니다. 그런데 대화는 생각보다 쉽지 않습니다. 가정에서 서로 대화해 보면 자신이 전한 뜻과는 전혀 다르게 상대방이 이해한 것을 보고 깜짝 놀랄 때가 많습니다. 특히 목회자로서 성경을 가르치고 설교하다 보면 제가 의도한 것과 성도들이 들은 것이 어떨 때는 전혀 다릅니다. 내 쪽에서만 말을 잘한다고 해서 해결될 문제가 아닙니다.

제가 의도한 것과 전혀 다른 반응이 나타나는 것을 보면서 의사소통이라는 것이 얼마나 어려운가를 절실히 느낍니다.

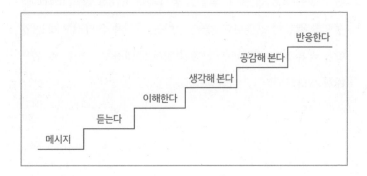

## 정확하게 말하라

대화할 때는 자신의 생각이나 느낌을 정확히 표현하려고 계속 노력해야 합니다. 상대방이 내 말을 어떤 뜻으로 듣고 있는지를 생각하며 말해야 합니다. 내가 이렇게 말할 때 저 사람은 어떻게 느끼고 있는지, 내가 말하고 있는 뜻이 상대방에게 정확하게 전달되고 있는지 확인해야 합니다.

저의 경우에는 같은 말을 자주 반복하는데, 이는 중요한 것을 강조하기 위해서입니다. 대개 한 번 들은 것은 며칠 못 가 거의 잊어버립니다.

## 정확하게 들으라

또한 정확하게 들으려고 노력해야 합니다. 예수님도 "귀 있는 자는 들으라"(마 13:9, 43)고 말씀하셨습니다. 들으려고 애써야 합니다.

## 잘 반응하라

대화할 때는 사랑과 이해를 가지고 분명하고 적극적으로 반응해야 합니다.

## 상대의 말을 방해하지 마라

인내와 조심성을 갖고 들어야 하며, 상대가 말하는 것을 중간에 방해하지 말아야 합니다.

"들어도 듣지 못하며 깨닫지 못함이니라"(마 13:13).

내가 말할 것만 생각하느라 남의 말을 건성으로 듣는 사람들이 많습니다. 상대방의 말이 끝나기도 전에 중간에 끊어 버리고, 자신이 하고 싶은 말을 합니다. 특히 우리나라 사람들의 경우 회의할 때 상대방이 말하고 있는데 그대로 끊어 버리는 일이 너무 자주 일어납니다. 듣는 연습이 잘 안 되어 있습니다.

## 이해할 때까지 질문하라

말의 핵심을 정확히 이해할 때까지 질문해야 합니다. 질문을 통해 상대방의 본뜻을 확인해야지, 짐작하고 암시하는 정도로는 오해를 불러일으킬 수 있습니다.

## 대화에 집중하라

간결하게 말하고, 관계되는 주제에 대화를 집중해야 합니다. 글로 써서 대화하면 더욱 도움이 됩니다. 대화하다 보면 한참 나가다가 갑자기 엉뚱한 이야기가 나올 때가 있습니다. 내가 말할 것만 생각하느라 대화에 귀를 안 기울이기 때문입니다. 대화의 흐름과 전혀 상관없는 엉뚱한 이야기를 하는 것에 숙달된 사람들이 있습니다. 듣는 연습이 필요합니다.

## 다 듣고 나서 반응하라

듣는 데 적극적인 자세를 취하고, 다 알아듣기 전에는 판단이나 결론을 내리지 말아야 합니다.

"사연을 듣기 전에 대답하는 자는 미련하여 욕을 당하느니라"(잠 18:13).

끝까지 듣고 질문하고 확인하고 나서 반응하면 정확한데, 다 이해하지 못한 상태에서 반응하기 때문에 수치를 당하는 것입니다.

들을 때는 먼저 귀로 들어야 합니다. 그리고 눈으로 들어야 합니다. 말하는 상대방의 표정이나 태도를 살펴야 합니다. 말만 들어서는 알 수 없습니다. 눈으로 들었으면 그 다음에는 마음으로 듣고(공감하고), 머리로 들어야 합니다. 상대방이 하는 말의 뜻이 무엇인지 생각하면서 들어야 합니다. 또 몸짓에도 귀를 기울여야 합니다. 예를 들어서 제가 성경 몇 장 몇 절이라고 말했을 때 어떤 교인이 못 알아들어서 여기저기 뒤적이면 그 행동을 보고 다시 일러 주는 것입니다. 마지막으로, 입으로 들어야 합니다. "아, 그래요?", "그렇군요", "그것 참 재미있네요", "그럴까요?", "글쎄요" 등으로 반응하는 것입니다. 이렇게 열심히 들을 때 상대방의 말하는 자세가 달라집니다. 그런데 어떤 사람은 누가 이야기할 때 눈만 깜빡하고 그냥 가만히 있습니다. 상대방의 말을 들을 때 반응을 보여야 합니다.

## 논쟁하지 마라

대화에서 논쟁은 피해야 합니다. 나의 생각이 잘못되었으면 고치려는 태도를 유지하고, 잘못을 쉽게 인정해야 합니다. 사실 이것은 쉽지 않습니다. 겸손해야 하는데, 어떤 때는 누가 나의 잘못을 지적하면 화가 납니다. 그러나 "내 생각이 잘못됐어"라는 짤막한 말 한마디가 수많은 문제를 해결합니다.

"송사에서는 먼저 온 사람의 말이 바른 것 같으나 그의 상대
자가 와서 밝히느니라"(잠 18:17).

## 남의 말을 잘 들어 주라

듣기를 잘하는 것이 말하기를 잘하는 것보다 낫습니다.

"지혜 있는 자는 듣고 학식이 더할 것이요"(잠 1:5).

"사람마다 듣기는 속히 하고 말하기는 더디 하며 성내기도
더디 하라"(약 1:19).

영국의 총리를 역임했던 디즈레일리(Benjamin Disraeli)의 일
화가 있습니다. 그의 아내가 처녀 시절에 한 남자와 데이트하고
집에 돌아왔을 때, 데이트 결과를 묻는 부모에게 이렇게 대답했
다고 합니다. "참 똑똑한 분이에요."

왜 그렇게 대답했겠습니까? 그 데이트 상대자는 여자 앞에
서 자기 애기만 잔뜩 늘어놓았던 것입니다. 그런데 그 다음번에
디즈레일리와 데이트하게 되었을 때 그녀는 부모에게 "내가 그
렇게 아는 게 많은 줄 몰랐어요"라고 말했습니다. 디즈레일리가
자꾸 말을 시키고 재미있다고 맞장구쳐 주니까 저녁 내내 실컷
자기 애기를 한 것입니다. 결국 그 여자는 디즈레일리와 결혼했

습니다.

　남의 말을 잘 들어 주는 것은 굉장한 축복입니다. 듣기를 잘
하는 사람은 그 옆에 가서 자꾸 이야기하고 싶어집니다. 그러나
그렇지 않은 사람은 근처에도 가고 싶지 않습니다.

### 늘 기도하라
하나님께 모든 것을 맡기기 위해 늘 기도해야 합니다.

### 하나님과 친한 사람이 대화를 잘한다
각자가 하나님과 가까울수록 대화가 더 잘됩니다. 아래의 삼각
형 그림을 보십시오. 하나님과 남편과 아내의 삼각형인데 남편
이 하나님께 가까이 가고 아내도 하나님께 가까이 가니까 남편
과 아내 사이가 가까워졌습니다. 만일 남편과 아내가 하나님과
떨어져 있으면 둘 사이도 멀어집니다.

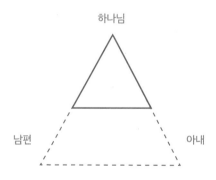

# 대화를
# 가로막는 것들

　:　　　　비판적 태도가 있는 사람에게는 다른 사람들이 별로 접근하려고 하지 않습니다. 그 사람 앞에 가서 잘못 말했다가 또 트집 잡힐까 봐 아예 처음부터 접촉을 피하는 것입니다. 비판적 태도를 가진 사람들은 행복하게 살 수 없습니다. 비판하는 것은 불행을 자초하는 일입니다. 늘 안 좋은 것만 생각하는 사람이 행복할 수 있겠습니까? 비판하는 사람들은 자기네끼리 고소하고 서로 물고 뜯다가 다 죽습니다.

물질주의도 대화의 장애물입니다. 이는 사람보다 물건을 중요시하는 태도입니다. 두려움, 걱정, 선입견, 침묵, 부정직성, 분노, 잔소리도 대화를 가로막습니다. "다투며 성내는 여인과 함께 사는 것보다 광야에서 사는 것이 나으니라"(잠 21:19)고 했습니다. 이기심, 속임수, 거짓을 통한 유도 작전도 좋지 않습니다. 결국 대화가 잘되려면 정직하고 솔직한 것이 제일 좋습니다.


# 자녀와 좋은 관계를
# 유지하는 방법

　:　　　　세대 차이라는 말이 있지만 사실상 그것은 문제가 아닙니다. 문제는 세대 간의 대화 부족입니다. 부모가 날

때부터 어른으로 태어났겠습니까? 그들도 어린 시절과 젊은 시절을 거쳐 어른이 된 것이기 때문에 자녀의 말을 못 알아듣는 것은 아닙니다.

부모와 자녀 간에 좋은 관계를 이루기 위한 14가지 방법이 있습니다.

## 1. 자녀에게 사랑을 표현하라

부모가 나를 사랑한다는 것을 자녀가 피부로 느낄 수 있어야 합니다. 마음으로만 사랑하고 겉으로 내색하지 않으면, 아이들은 부모가 나를 사랑하는지 알 수 없습니다. 자녀가 어릴 때부터 행동으로 애정 표시를 해야 합니다. 간단한 행동이지만 팔로 안아 주면, 부모가 나를 사랑한다는 것을 아이들이 압니다. 그래야 대화의 문이 열립니다. 부모가 나를 싫어하고 미워한다는 생각이 아이들에게 들면 대화가 안 됩니다.

## 2. 늘 대화하라

문제가 생겼을 때만 대화하는 것이 아니라 늘 대화해야 합니다. 다 큰 자녀에게 "이제 대화하자"고 해서 대화가 이뤄지는 것이 아닙니다. 어려서부터 늘 대화를 해 왔어야 합니다. 평소 때는 말 한마디 안 하다가 야단칠 일이 생길 때만 아이를 불러다 앉히면 도저히 대화가 이뤄질 수 없습니다. 대화의 자리가 그저 꾸중하기 위한 자리가 되어서는 안 됩니다. 또 자녀가 잘했을 때는 칭찬도 해 줘야 합니다. 잘했을 때 칭찬해 주지 않고 잘못했을 때 야단치면 아이는 자신이 늘 잘못만 하기 때문에 부모를 절대로 기쁘게 할 수 없다고 생각하게 됩니다.

### 3. 자녀를 존중하라

자녀들을 존중하고 소중하게 대해야 합니다. 그리고 자녀들의 말을 잘 들어 줘야 합니다.

### 4. 자녀가 마음을 표현하도록 격려하라

자녀들이 속마음을 표현하도록 격려해 줘야 합니다. 아주 어릴 때부터 자신의 의사와 감정을 자유롭게 표현하도록 도와줘야 합니다. 그렇지 않으면 아이들이 10대가 되었을 때 대화가 잘 안 됩니다. 그때는 이미 늦습니다. 부모가 회개하고 다시 대화를 시작해야 합니다. 아이들의 말을 듣는다고 해서 그들의 생각에 꼭 동조하는 것은 아닙니다. 그저 들어 주는 것입니다.

또 무슨 말을 해도 창피를 줘서는 안 됩니다. 예를 들어 "야, 너 말 좀 똑똑히 해" 하고 다그치면 아이는 창피해서 다시는 부모 앞에서 말을 안 합니다. 창피당할 말을 왜 합니까? 말할 때마다 창피를 주고 구박하는데 왜 얘기하겠습니까?

남에게 한참 얘기를 하다 보면 문득 해결책이 떠오를 때가 있습니다. 자기표현을 하다 보면 자녀들은 자신이 하는 말 속에서 스스로 깨달음을 얻고 해답을 찾습니다. 이렇듯 말을 들어 주는 것은 자녀들에게 상당히 중요합니다.

## 5. 대화를 위해 시간을 내라

시간을 내서 자녀들의 말을 들어 줘야 합니다. 자녀들의 가장 큰 불평은 부모가 자신의 이야기를 들으려고 하지 않는다는 것입니다. 아이들의 말에 일일이 대꾸하지 않더라도 들어 주는 것이 중요합니다. 부모는 자녀의 가장 친한 친구가 되어 주어야 합니다.

## 6. 어떤 질문에도 책망하지 마라

자녀가 무슨 질문을 해도 놀라거나 책망하지 말아야 합니다. 다시는 질문하지 않게 될 수도 있기 때문입니다. "엄마, 애기가 어떻게 나와요?" 하고 아이가 물을 때 자연스럽게 말해 주면 좋은데, "그런 건 묻지 마라. 크면 다 알 수 있어" 하며 말 못할 일처럼 대답하는 것은 효과적이지 못합니다. 자녀가 호기심을 가질 때는 자연스럽게 이야기해 주는 것이 좋습니다. 부모가 입을 다물면, 자녀들은 최선의 답을 줄 수 있는 부모보다 대답할 자격이 부족한 타인에게 가서 답을 찾게 됩니다. 결국 엉뚱하게 친구들에게 물어봐서 불건전한 것을 배우게 됩니다. 자녀가 질문해 올 때는 부모가 자연스럽게 이야기해 주거나 책을 하나 골라서 읽게 해 주는 것이 좋습니다. 비록 동의하지 않더라도, 아이들이 말하고 싶은 의견을 말하도록 하는 것이 좋습니다.

## 7. 아직은 아이임을 인식하라

아이들은 아이들임을 인식해야 합니다. 고등학생이라도 아직은 성인이 아닙니다. 신중하게 고쳐 주고 지도해야 합니다.

## 8. 자녀의 비밀을 지키라

자녀들의 비밀은 비밀로 지켜 줘야 합니다. 자녀들의 허락 없이 비밀을 아무에게나 함부로 말하지 말아야 합니다. 부모가 비밀을 안 지키면, 아이들은 다시는 부모에게 내밀한 이야기를 하지 않을 것입니다.

## 9. 불손한 태도는 반드시 바로잡으라

불손한 태도나 강요하는 말은 절대로 용납할 수 없다는 것을 처음부터 분명히 가르쳐야 합니다. 자녀가 부모에게 불손하게 말하거나 대꾸하면 강경한 태도를 보여서 어릴 때부터 근본적인 훈련을 시켜야 합니다. 어리다고 자꾸 봐주면 아주 버릇없는 아이가 됩니다. 아무리 어린아이라도 불손한 행동을 하면 따끔하게 꾸중하고 바로잡아서, 자신이 어떤 행동을 하면 부모님이 혼내는지를 느낌으로라도 깨우치게 해야 합니다. 아기 때부터 남에게 해가 되는 일은 절대로 못하게 교육해야 합니다. 어릴 때 길들여지지 않으면 어른이 되어서도 나쁜 버릇이 고쳐지지 않습니다. 부모에게 불손한 것은 절대 용납하면 안 됩니다. 부모에게 불손한 아이는 밖에 나가서 다른 어른들에게도 불손합니다.

## 10. 삶을 즐기라

자녀들과 함께 삶을 즐겨야 합니다. 웃을 때는 웃고 놀 때는 마음껏 같이 놀면서 즐거운 가정 분위기를 조성해야 합니다. 농담도 하면서 아이들을 즐겁게 해 줄 수 있어야 합니다. 웃으면 긴장이 풀리고 기분이 좋아집니다. 대개 긴장이 쌓이기 때문에 문제가 생기는 것입니다.

## 11. 변화를 미리 알리라

생활에 변화가 있을 때는 미리 일러 줘야 합니다. 그러면 그 문제를 놓고 자녀들이 부모에게 자연스럽게 이야기할 수 있습니다. 여자아이들의 월경이나 남자아이들의 몽정 같은 것도 미리 말해 줘야 합니다. 자연스러운 현상이지만, 사전 지식이 없는 상태에서 막상 그 일들을 겪으면 크게 당황하고 어찌할 바를 모르게 됩니다.

## 12. 성경적 원리를 굳건하게 지키라

성경적 원리에 대해서는 절대로 양보하지 말아야 합니다. 부모의 개인적인 생각은 양보할 수 있습니다. 그러나 다른 사람은 어떻게 하든지, 신앙인의 가치관이 절대적임을 보여 줘야 합니다. "다른 부모들은 그렇게 하는데 왜 아빠(엄마)는 이렇게 하세요?" 하고 아이들이 질문하면 "하나님이 너를 나에게 맡기셨기 때문에 그러는 거야. 안 믿는 집은 그 나름대로의 방법이 있지만, 우리 집은 예수를 믿기 때문에 이렇게 할 수밖에 없어"라고 설명해야 합니다. 성경이 얼마나 중요한 책인지 자녀에게 미리 가르쳐야 합니다.

## 13. 아이들과 함께 기도하라

아이들에게 중요한 일이 있으면 꼭 함께 기도해야 합니다. 아이들이 피아노 경연 대회에 나갈 때, 시험을 볼 때, 운동 시합을 할 때, 여행할 때 기도해야 합니다. 그래서 인생의 중요한 순간에는 꼭 기도해야 한다는 것을 인식시켜야 합니다.

## 14. 진실하라

언제나 진실이 최고임을 명심해야 합니다.

"오직 사랑 안에서 참된 것을 하여"(엡 4:15).

―

좋은 대화는 자신을 숨기려고 하는 경향을 극복하고,

생각과 느낌을 솔직하게 내놓고

표현할 수 있는 데까지 나아가는 것입니다.

결혼은 끝이 아니라 시작입니다.
갈등을 풀어 나가며 성숙해지는 과정을
이제 시작하는 것입니다.

# 결혼을
# 사랑의 결론으로
# 착각하면 안 됩니다

# 누구와 결혼해도
# 갈등은 있다

： 　　　　결혼 생활에는 늘 갈등이 있는데, 그 갈등을
풀어 나가는 것이 곧 결혼 생활에서의 성숙함입니다.

저는 27세에 결혼했는데, 드디어 결혼함으로써 제가 어른이
되었다고 생각했습니다. 결혼이 출발인 줄도 모르고, 제가 성숙
의 극치에 달아서 결혼했다고 생각했습니다. 그런데 놀랍게도
결혼은 겨우 출발이었습니다. 대학을 졸업하면서 "드디어 다 됐
구나"라고 생각하지만 그것이 출발이듯 말입니다. 미국에서는
졸업식을 'commencement'라고 하는데 이것은 '시작', '개시'

를 의미합니다. 우리는 졸업식을 끝으로 여기는 반면 미국인들은 시작으로 생각하는 것입니다. 마찬가지로 결혼도 성숙의 첫발을 떼는 시작입니다.

서로에게 잘 맞고, 서로 진심으로 사랑하고, 하나님이 이 결혼을 인도하셨다는 것을 확실히 알기 전에는 결혼해서는 안 됩니다. 결혼은 한 번 하면 물릴 수가 없습니다. 조금 시간이 걸리더라도, 이 사람이 정말 하나님이 나에게 인도하신 사람이라는 확신이 설 때 결혼해야 합니다.

결혼 생활에서 갈등을 경험하면 "부모님이 아무개와 결혼하라고 했는데도 내가 우겨서 이 사람하고 결혼했는데… 부모님 말 들을 걸" 하고 후회하는 사람들이 있습니다. 물론 누구와 결혼해도 갈등이 있지만, 막상 갈등 상황에 부딪치면 그런 생각이 드는 것입니다. 이는 스스로 확신 없이 결혼했기 때문입니다. 하나님의 뜻대로 결혼하지 않았다는 생각이 드는 것입니다.

부부간의 갈등은 이 사람하고 결혼해도 있고, 저 사람하고 결혼해도 있습니다. 중매결혼을 해도 있고, 연애결혼을 해도 있습니다. 아버지가 정해 준 사람과 결혼해도 있고, 내가 선택한 사람과 결혼해도 있습니다. 결혼 생활에는 언제나 갈등이 있습니다. 갈등이 있는 결혼 생활이 정상적인 결혼 생활입니다.

결혼한 지 석 달밖에 안 된 젊은 부부들이 와서 "목사님, 큰일 났어요. 못 살겠어요. 잘못 결혼한 것 같아요"라고 하소연합니다. 그러면서 그 갈등을 얘기하면 저는 가만히 듣고 "축하하네. 정상적으로 되었네"라고 말해 줍니다. 자신들은 놀라서 찾아왔는데 제가 아무렇지도 않게 생각하니까 나중에는 오히려 안심하고 돌아갑니다. 부부간에 서로 성격이 안 맞고, 같이 살지 못할 사람들로 보이는 것이 정상입니다. 결국 이 갈등의 문제를 제대로 이해하지 못해서 쓸데없이 고생하는 것입니다.

다시 한번 말하지만, 서로가 잘 맞고 진심으로 사랑하고 하나님의 인도하심이 있다는 것을 확실히 알기 전에는 결혼해서는 안 됩니다. 설령 이런 준비가 다 되어 있더라도 행복한 결혼 생활을 이루기 위해서는 수많은 상호 조정이 절대적으로 필요합니다.

## 결혼하면
## 서로의 차이가 드러난다

결혼 생활에서는 서로를 위한 변화가 꼭 필요합니다. 두 사람의 배경, 이상(理想), 취미, 기호가 다르기 때문에 새 가정을 이룬 후에는 조정이 불가피합니다. 상호 조정이 이뤄지지 않으면 성공적인 결혼 생활을 절대로 못합니다.

결혼하는 두 사람 간에는 대개 가정 배경의 차이와 인생 경험의 차이, 성품의 차이, 남녀의 기본적인 차이, 기질적인 차이, 체질상의 차이가 있습니다. 이런 것을 미리 알고 출발하면 결혼 생활이 훨씬 순조롭습니다. 저도 이런 것을 전혀 생각하지 못하고 결혼했습니다. "이 여자는 하나님이 정해 주신 짝이다. 이 사람과 결혼하면 절대로 문제가 없다. 인류 역사상 문제가 없을 가정은 우리밖에 없다"는 확신을 가지고 결혼했습니다. 그랬는데 결혼하고 보니까 갖가지 차이점이 하나둘씩 나타나 그때마다 크게 놀랐습니다. 두 사람은 완전히 다른 사람입니다.


## 가정 배경의
## 차이
:

### 대가족과 소가족

저는 식구가 많은 집안의 출신입니다. 형제가 아홉이라 집안이 항상 북적대고, 웬만한 것은 문제 취급도 안 하는 분위기였습니다. 이런 집안의 사람과 형제가 없이 외동으로 자란 사람은 벌써 생활 방식과 사고방식이 다릅니다. 결혼할 때까지 수십 년간 전혀 다른 배경에서 자란 두 사람이 만나 한 집에서 사는데 갈등이 없을 수가 있겠습니까?

### 기독교 가정과 불신 가정

이것은 엄청난 차이입니다. 기독교 가정이냐, 불신 가정이냐에 따라 가치관과 생활 문화에 큰 차이가 있습니다.

그 밖에도 훈련이 잘 되어 있는 가정과 훈련이 안 되어 있는 가정, 아버지 중심의 가정과 어머니 중심의 가정, 전문인 가정과 비전문인 가정, 딸만 있는 가정과 아들만 있는 가정, 새벽에 활발한 가정과 밤에 활발한 가정이 있습니다.

# 인생 경험의
# 차이

　어떤 집에서는 자녀들에게 독서를 강조합니다. 다양한 취미를 계발하게 하는 가정도 있습니다. 독립성을 고취해서 뭐든지 아이들 스스로 독자적인 결정을 하면서 자라도록 하는 가정이 있습니다. 그런가 하면 부모가 무엇이든 "이거 해라, 저거 해라" 하고 지시해서 자녀들이 스스로 결정하는 훈련이 안 된 집도 있습니다.

제가 걱정하는 부모가 어떤 부모인지 아십니까? 바로 "목사님, 우리 아이는 참 착해요. 대학교 졸업할 때까지 한 번도 저에게 거역한 적이 없어요. 제가 하라는 대로 해요"라고 말하는 부모입니다. 이것은 보통 심각한 문제가 아닙니다. 대학교 4학년이나 되었는데 한 번도 자기 의견을 말한 적이 없고, 엄마가 하라는 대로만 하는 착한 아이니 말입니다. 사회에 나가서도 문제가 생기면 그때마다 엄마와 상담할 것입니까?

아이들이 10대에 반항하는 것은 독립적인 사람이 되겠다는 표시입니다. 초등학교 때까지는 엄마가 하라는 대로 했지만, 이제부터는 스스로 생각하고 결정하며 살겠다는 것입니다. 그렇기 때문에 반항 자체가 나쁜 것은 아닙니다. 그럴 때는 아이가 그런 기회를 통해 독립적인 인간으로 커 갈 수 있도록, 성숙한 인간이 될 수 있는 길로 인도하는 것이 중요합니다. 무조건 순종만 하는 자녀도 문제입니다.

부모의 특별한 격려 없이 집에서 주로 텔레비전만 보고 자란 사람도 있습니다. 미국에는 노상 텔레비전 앞에서 사는 아이들이 있습니다. 어릴 때부터 엄마가 외출하면 계속 텔레비전만 보는 것입니다. 그런 아이들은 엄마가 키우는 것이 아니라 텔레비전이 키우는 것입니다. 그런 가정이 미국에는 참 많습니다. 그렇게 자란 아이와 부모가 다양한 취미 계발과 독서를 강조하고 독립심을 길러 주는 가운데 자란 아이는 다릅니다.

또 대화를 많이 하면서 자란 사람이 있는가 하면, 가족 간에 별 대화 없이 자란 사람도 있습니다. 서로 즐기는 분위기를 경험하지 못하고, 혼자서 묵묵히 지낸 사람도 있습니다.

## 성품의 차이

：　　　　　성품과 취미가 비슷하면 결혼 생활에 상당히 도움이 됩니다. 그러나 성격상 서로 보완되고 보충되는 것이 더 중요합니다. 나는 이런 장점을 가졌는데 저 사람은 저런 장점을 가졌다면, 두 개를 합했을 때 더 선한 결과가 있습니다. 단점을 합쳐서 위대한 일이 이뤄진 적은 없습니다. 누구에게나 단점이 있지만 단점보다는 장점을 합쳤을 때 큰일을 이룰 수 있습니다. 교회가 꼭 그렇습니다. 교인들 모두가 각자의 장점이 있는데, 그 장점을 합쳐서 하나님의 일을 하는 것입니다. 가정도 마찬가지입니다. 단점 없는 사람이 세상에 어디 있습니까? 단점에 초점을 맞추면 행복이라는 것은 존재하지 않습니다. 각자의 장점과 단점을 서로 보완하려면 많은 조정이 필요합니다.

일반적으로 4개의 성격이 있다고 하는데, 그 특징을 잘 이해하고 알면 결혼 생활에 많은 도움이 됩니다. 특히 자신의 성격에 대해 잘 이해하는 것이 중요합니다. 자신의 단점을 성령님께 맡겨서 변화시켜 주시기를 구해야 합니다.

누구나 장점을 갖고 있습니다. 동시에 모든 사람이 단점을 갖고 있습니다. 어느 쪽이 더 많은지가 문제지 단점과 장점은 그 어떤 성격에도 있습니다. 어떤 성격이 제일 좋다는 것은 없습니다.

2,000여 년 전 그리스 사람들이 인간의 성격을 4가지로 구분했는데, 이를 하나하나 살펴보겠습니다.

## 사교형

사교형의 사람은 성격이 아주 밝고 따뜻합니다. 생동감이 있고 열정적이고 말도 잘할 뿐 아니라 사교적이라 사람들과 잘 사귑니다. 환경에 본능적으로 혹은 감정적으로 반응합니다. 베드로가 이런 성격의 소유자입니다. 찬찬히 생각하거나 고민해서 말하지 않고 생각나는 대로 말하는 사람입니다. 베드로는 늘 감정적으로, 본능적으로 반응한 외향적인 사람이었습니다.

이런 사람은 교회에서도 표가 납니다. 제가 설교할 때 늘 웃으면서 재미있게 들어 줍니다. 설교하는 입장에서 호감이 가는 사람들입니다. 성격이 밝기 때문에 많은 사람들에게 호감을 줍니다.

제가 미국에 있을 때 신학교에 하와이 여자 한 명이 있었습니다. 그녀는 식당에서 일했는데 늘 웃는 얼굴로 지냈고, 누구하고도 친했습니다. 또 다른 여학생은 사람들이 북적대는 거리를 걸으면서도 노래를 부르고, 지나가는 사람들에게 모두 인사했습니다. 그런데 이런 사람들은 감정적이고 본능적으로 행동하기 때문에 조심성이 없습니다.


## 분석형

분석형의 사람들은 완벽주의자이기 쉽고, 조직적이고 분석적입니다. 이런 사람의 집이나 방에 들어가 보면 어느 한구석 정돈되지 않은 데가 없습니다. 집안을 하도 깨끗이 청소해서 각종 물건과 가구가 반질반질합니다. 무엇 하나 건드려서는 안 될 분위기입니다. 분석형의 사람들은 자녀들이 집안을 어지럽히지 못하게 하고, 집에 있는 물건에 손을 못 대게 철저히 단속합니다. 그래서 그런 집의 아이들은 집에 들어가고 싶어 하지 않습니다.

그러나 각 단체마다 이렇게 완벽한 사람이 한 명씩은 있어야 합니다. 그래야 무슨 일이든 우물쭈물 대강 넘어가는 일이 없습니다. 분석형 사람들은 잘못된 것을 보면 지적하고, 정확하게 계산하고 일을 계획하기 때문입니다.

분석형 사람들 가운데는 과학자나 문학가, 음악가 등의 예술인들이 많습니다. 그들은 섬세해서 미묘한 부분까지도 정확하게 표현할 수 있고 감정도 아주 풍부합니다. 눈물도 많고 웃음도 많습니다.

무엇을 해도 질서가 있고 정확해야 하는 성격 때문에 이들에게는 친구가 많지 않습니다. 많을 수가 없습니다. 그러나 한 명을 사귀어도 아주 충성스러운 친구를 사귑니다.

분석형의 사람들은 내성적이고 우울하고 심각한 편입니다. 그리고 대단히 조심스럽습니다. 그러다 보니 부정적인 면을 잘 봅니다. 가능성을 보기보다 문제점을 더 잘 봅니다. 이스라엘 선지자들의 대부분이 이런 사람들이었습니다. 다른 사람들 눈에는 보이지 않는 악(惡)이 그들 눈에는 보였습니다. 그리고 악을 보면 못 참습니다. 옳게 살아야 하는데도 불구하고 이스라엘 백성이 하나님 앞에서 그릇 행했기 때문에 예레미야 같은 선지자는 종종 울었습니다. 그래서 그를 '눈물의 선지자'라고도 합니다. 그는 이스라엘 백성의 고통을 자신의 고통으로 삼아서, 매일 울면서 백성의 악을 지적했습니다.

## 성취형

성취형의 사람들은 추진력이 강하고 목표 지향적입니다. 언제나 앞에 할 일이 있습니다. 외향적이고 강인하며 끝을 보고 마는 성격입니다. 믿을 만하고 결정적인 일에서 과감함을 보입니다. 무슨 일을 해내려면 이런 사람에게 시켜야 합니다. 과단성 있게 밀고 나가기 때문입니다. 이런 사람에게는 교회 건축 위원장 같은 직책을 맡기면 좋습니다. 성취형의 사람들은 사업가나 축구팀 감독으로도 적격입니다.

한 가지 목표를 세우고 그 목표를 향해 돌진하는 사업가들 가운데 성취형 사람들이 많습니다. 이들은 계속 목표를 세우며 이뤄 가는 것을 즐깁니다. 약점은 고집이 세고 자신의 의견만 옳다고 주장하는 것입니다. 또한 이들은 무정(無情)할 수 있습니다. 무엇이든 자신이 다 쥐고 흔들려고 하고, 목적을 위해서는 몇 사람쯤 짓밟아도 상관없다고 생각합니다.

사도 바울이 이런 유형의 사람입니다. 그의 목표는 복음으로 세계를 정복하는 것이었습니다. 그래서 이 도시, 저 도시로 복음을 전하러 다녔는데, 그 과정에서 그는 마가와 바나바와 동행했습니다. 그런데 중간에 마가가 집으로 돌아가고 싶어 하니까 바울은 아주 단호한 태도를 보이면서 마가를 도중에 하차시켰습니다. 이 일 때문에 그는 바나바와 심하게 다퉜습니다. 그러나 후에 바울은 많이 변했습니다. 그래서 그는 옥중에 있을 때 마가를 그곳으로 데려오게 했습니다. 이렇게 인격과 신앙은 성장하게 되어 있습니다.

## 온유형

온유형의 사람들은 부드럽고 천하태평입니다. 충격적인 상황에서도 동요되는 법이 없습니다. 어디에 뛰어드는 법이 없고, 멀리서 바라보는 것으로 만족합니다. 하루하루 전개되는 대로 살아가며, 꾸준합니다. 이들에게는 원수나 적이 없습니다. 평화의 사람들입니다. 불만족스러운 것이 별로 없고, 그저 다 좋다는 식입니다. 편하게 살아갑니다. 이런 사람들은 행정인으로 적합합니다. 이들은 꾸준히 중재적 역할을 하면서 수월하게 자신의 일을 해 나갑니다.

이들의 부정적인 면으로는 겁이 많고 내성적이어서 문제에 좀처럼 뛰어들려고 하지 않는 것입니다. 고집스럽고 변화를 싫어합니다. 이런 사람을 주일학교 선생님으로 만들려면 그 일에 서서히 끌어들여야 합니다. "집사님, 초등학교 4학년 2반 좀 맡아 주시면 좋겠는데요"라고 제안했을 때 거절한다고 해서 강경하게 밀어붙이면 전혀 효과가 없습니다. "주일학교 선생님이 석 달 후에 필요한데 기도해 보세요" 하는 식으로 일단 사정을 말하고, 일주일 후에 "기도해 보셨어요?" 하고 확인해 보는 것이 좋습니다. 그리고 계속 이런 식으로 접근하면 됩니다. 온유형 사람들의 마음을 움직이는 데는 시간이 걸리지만, 이들은 일단 마음을 먹으면 누가 뭐라고 하든지 자신이 맡은 일을 소처럼 해냅니다.

각 성격의 장점과 단점을 알면 상대방의 행동과 태도가 이해됩니다. 이해가 안 될 때는 속만 상합니다. 자녀의 경우도 마찬가지입니다. 부모가 자녀의 성격을 제대로 파악하지 않고, 결과를 보려고 자꾸 다그치면 자녀의 정서가 불안해집니다. 자녀가 답답해 보이더라도 각 사람을 향한 하나님의 뜻을 생각하고, 그분의 선한 인도를 믿어야 합니다. 하나님이 다 알아서 하십니다. 하나님이 골고루 필요해서 사람마다 다양하게 만드신 것인데, 이 사실을 이해하지 못하면 속만 상합니다.

자신이 단점이 많다고 생각되면, 그 단점을 하나님 앞에 내놓아야 합니다. "하나님, 저는 인생을 좀 더 열심히 살아야 하고, 성취할 것이 많은데, 겁이 나서 못하고 있습니다. 주님, 저에게 희망을 주옵소서"라고 하나님의 도우심을 구하고, 성령의 도우심을 구해야 합니다. 그럴 때 단점이 줄어들고 장점은 점점 많아집니다. 이렇게 해서 비교적 균형 잡힌 성품을 가질 수 있습니다. 그러나 완전히 다른 사람이 될 수는 없습니다. 참나무는 참나무고 소나무는 소나무인데, 참나무더러 왜 소나무가 아니냐고 해 봤자 속만 상합니다. 부부는 서로의 성격 차이를 조정하고 이해해야 합니다.

## 남녀의 차이

:

남자들은 운동이나 자동차를 좋아하지만 여자들은 옷이나 패물 모으는 것을 즐깁니다. 벌써 근본적으로 취미가 다릅니다. 생물학적으로도 차이가 있습니다. 육체적 힘과 질병에 대한 감염도와 수명에서도 남녀는 서로 다릅니다. 돈 쓰는 데도 차이가 있습니다.

## 심리적 차이

:

### 감정 상태

여자는 남자보다 쉽게 웁니다. 감정이 풍부하기 때문입니다. 또 감정적으로 끌리는 것을 선택하는 경우가 많습니다. 하와가 선악과를 따 먹을 때도 그랬고, 오늘날 많은 여자들이 광고를 보고 물건을 사들이는 것도 같은 맥락입니다. 똑같은 상황에서 남자는 먼저 분석합니다.

### 능력 있는 분야

남자는 문제 해결에 능하고, 여자는 암기와 언어 구사와 외국어와 수학에 능합니다.

### 문제 해결 방법

남자는 직접적으로 접근하며, 여자는 간접적으로 은근히 접근하는 경향이 있습니다. 다 그런 것은 아니고 일반적으로 그렇다는 것입니다.


## 체질상의 차이
⋮

### 몸이 더운 사람과 차가운 사람

늘 열이 있는 사람이 있고, 늘 추운 사람이 있습니다. 이에 따라 방 안의 온도도 차이가 나고 이불의 종류도 달라집니다. 한 이불을 덮고 자도 더운 사람은 이불을 발로 찹니다. 이런 데서도 조정이 필요합니다.

## 새벽 사람과 밤 사람

이것은 굉장한 차이입니다. 나는 잘 시간인데 상대방은 그때부터 활동하고, 나는 아침에 늦게까지 자야 하는데 상대방은 아침부터 분주하게 돌아다니니 말입니다. 새벽 사람은 아침에 쉽게 일어나고 활발하게 움직이지만, 밤 사람은 아침에 몸이 무겁고 발동이 걸리기까지 시간이 걸립니다.

그런데 대개 밤 사람은 게으르고 새벽 사람은 부지런하다고 생각합니다. 이런 오해 때문에 문제가 많이 일어납니다. 밤 사람 체질의 자녀에게 "네 형은 부지런한데 너는 왜 그렇게 게으르냐?" 하고 꾸짖는 부모가 있습니다. 사실 형은 밤 10시에 자서 아침 6시에 일어나고, 동생은 밤 12시 반에 자서 아침 8시에 일어나는 것인데 말입니다. 이것 때문에 동생은 훌륭한 학생이면서도 자신감이 없고 열등의식이 많습니다.

태어날 때부터 우리 몸에는 시계(body clock)가 있어서 밤 사람은 밤에 중요한 일을 하고, 새벽 사람은 새벽에 중요한 일을 합니다. 누구나 자신의 몸의 시계에 맞춰서 활동하게 되어 있습니다.

공부를 해도 어떤 아이들은 아침에는 도무지 정신이 없는데 밤만 되면 머리가 맑아집니다. 반면에 어떤 사람은 밤만 되면 정신이 하나도 없습니다. 저의 형님은 저녁에 일찍 잠자리에 들고 새벽 4시에 일어나서 5~6시에 저에게 전화할 때도 있습니다. 그분에게는 새벽 5시가 낮 12시입니다. 그분이 의도적으로 그러는 것이 아니라 몸 안의 시계가 그렇게 돌아가는 것입니다. 이것을 이해하지 못하면 "저 사람은 새벽부터 저렇게 돌아다닌다"고 짜증스럽게 생각할 수 있습니다.

하나님이 애초부터 각 사람 안에 시계를 집어넣으셨다고 생각하면, 상대방과의 차이를 비교적 잘 수용할 수 있습니다.

### 살이 찌는 체질과 안 찌는 체질

어떤 사람은 얼마든지 먹어도 체중이 늘지 않고, 어떤 사람은 음식을 쳐다만 봐도 살이 찝니다. 체질이 달라서 그런 것인데, 상대방에게 "당신은 절제를 못해서 살이 찐다"고 핀잔을 줘서야 되겠습니까? 체질상의 문제라는 것을 이해하지 못하면 갈등이 심화됩니다. 채식과 육식의 차이도 있습니다.

이렇게 여러 부분에서 부부간에 상당한 차이가 있습니다. 사람들은 처음에는 이 차이를 조정해야 하는 것을 인식하지 못하고, 사랑에 눈이 멀어서 결혼합니다. 결혼하고 나서 잠깐 지나면 이런 차이가 하나둘씩 나타납니다.


## 차이를 좁혀 가려면
## 시간이 필요하다

상호 조정은 하루아침에 되는 것이 아닙니다.

결혼 생활을 겨우 몇 달 하고 나서 "목사님, 못 살겠어요"라고 고백하는 젊은 부부들에게 제가 이렇게 말했습니다.

"최소한 10년은 결혼 생활을 해야 이것도 알고 저것도 아는 것이지, 석 달 가지고는 판단을 못하네."

결혼 생활에는 수많은 조정이 필요한데, 어떤 것은 곧 조정되지만 어떤 것은 상당한 시간을 요합니다. 다행히 결혼 초기에는 신혼의 흥분과 강렬한 애정 때문에 작은 차이는 금방 해결됩니다. 그러나 좀 더 큰 차이는 신혼의 기쁨이 가라앉고 결혼 생활이 정착되면서 조정됩니다. 어떤 부부들은 상호 조정이 제대로 이뤄지지 않아서 결혼에 실패하기도 합니다. 대개 결혼 후 3~5년 사이에 조정이 안 되면 결혼 생활에 상당한 어려움을 겪게 됩니다. 결혼 생활의 조정에 시간이 걸리는 데는 4가지의 이유가 있습니다.

첫째로, 조정이 필요하다고 느끼지 못하기 때문입니다. 서로 간에 조정해야 할 차이가 있다는 것을 모르고, 자꾸 상대방만 잘못되고 틀렸다고 비판하니 문제인 것입니다.

나와 다르다고 해서 상대방이 틀린 것은 아닙니다. 이것은 비단 부부 사이의 문제만은 아닙니다. 부모와 자녀 사이에서도 마찬가지입니다. 나와 다른 상대방에 대해 나는 옳고 상대방은 틀렸다고 단정 짓는 데서 수많은 문제가 생깁니다. 다른 것이지 틀린 것은 아닙니다.

둘째로, 조정에 대한 준비와 교육이 모자라기 때문입니다.

신혼부부들은 결혼 생활에서 조정이 필요하다는 것에 대해 별로 들어 보지도 못하고, 교육도 받지 못하고 살아갑니다. 저도 결혼 생활에 대한 조직적인 훈련을 받아 본 적이 없습니다. 사랑만 있으면 충분한 줄 알았습니다.

그래도 요새는 상호 조정에 대한 책들이 많아 나와 있습니다. 인생에서 결혼 생활보다 더 중요한 것이 어디 있습니까? 그런데 원만한 결혼 생활에 대해 특히 남자들은 대학을 졸업할 때까지 구체적인 가르침을 받을 기회가 거의 없습니다. 남자 학교, 여자 학교 가리지 않고 결혼 생활에 대한 과목을 필수로 만들어야 한다고 생각합니다.

셋째로, 자라 온 과정에서 본을 본 적이 없기 때문입니다. 어떤 가정은 그렇지 않겠지만 대부분의 가정에서는 부부간에 상호 조정하는 일이 거의 없습니다. 한국의 가정에서는 주로 아내가 조정합니다. 특히 과거에는 아내가 그저 아무 말 않고 남편의 의사를 따랐습니다. 아내의 사정과 형편은 철저히 무시되었습니다. 그러나 결혼 생활에서의 조정은 서로 맞춰 가는 상호 조정입니다.

넷째로, 영적 성숙도에서 차이가 있기 때문입니다. 영적 성숙도의 차이는 결혼 초기에는 별로 중요하지 않습니다. 단지 성장하려고 하는 의지만 있으면 됩니다. 성숙한 쪽이 인내와 사랑과 본을 보여 주면 됩니다. 덜 성숙한 쪽이 성숙하려는 노력과 수고를 하면 곧 비슷해질 수 있습니다. 그러나 그런 노력과 의지가 없으면 문제입니다. 결혼 생활이라는 것은 계속 성장해 가는 것입니다. 사람은 성장하고 변화합니다. 변화를 기대하고 변화하려는 의욕이 있으면 문제가 해결됩니다.

미국의 통계 자료에 따르면, 결혼 생활은 오래 할수록 행복하다고 합니다. 그래서 80세 부부들이 가장 행복하고 그 다음이 70세, 그 다음이 60세 순입니다. 나이가 적을수록 결혼 생활에서 조정이 덜 되었기 때문입니다. 세월과 함께 조정이 필요합니다.

## 서로의 차이를
## 조정하는 방법
:

### 타협하라

다른 점에 대해 서로 이야기하고 함께 기도하며 하나님의 뜻을 찾을 때 서로 만족할 수 있는 타협점을 찾게 됩니다.

### 수용하라

자신의 입장을 고수하기로 서로 동의하고, 내키지 않아도 상대방의 의견을 수용하기로 하는 것입니다. 이것은 그다지 좋은 방법이 아닙니다. 남편은 남편대로, 아내는 아내대로 자신의 입장을 고수하면서 "당신은 당신이 원하는 대로 해요. 나는 내가 원하는 대로 할 테니까" 하는 식이기 때문입니다.

## 관용하라

서로의 관점을 수용하되, 기분 나빠하지 않고 서로의 의견을 존중하면서 참는 것입니다. 관용에는 상대방을 바꿔 놓으려는 의도가 없습니다. 관용은 수용보다 좀 더 적극적인 방법입니다. 합의는 아니지만 상대를 존중하는 것입니다.

## 양보하라

한쪽이 상대방을 수용하고 자신이 변해 주는 것입니다. 과거의 한국 가정이 이 방법을 따랐습니다. 대개 여자가 양보하고 남자 편에 맞췄습니다. 그런데 어떤 방법으로든 타협의 길은 있습니다.

# 결혼 생활에서
# 기억해야 할 것

첫째로, 결혼하면 당연히 서로 조정하며 살아야 합니다. 이를 미리 알고 준비하며, 조정할 영역과 시기를 찾아서 서로 존중하면서 조정해야 합니다. 전혀 기대하지 않았던 차이가 갑자기 나타나서 놀라고 실망하지 않도록 말입니다.

둘째로, 경건의 훈련을 잘 해야 합니다. 늘 말씀과 기도로 자신을 깨끗하게 하고, 주님이 나를 변화시켜 주시기를 간구할 때 영적으로 성숙하게 됩니다. 영적으로 성숙한 사람이 조정을 더 잘할 수 있습니다. 영적으로 약화되고 육적으로 될수록 질시와 안목의 정욕과 이기심과 미움에 눈이 멀어 결혼 생활이 점점 더 어려워집니다. "주여, 제 아내를(남편을) 변화시켜 주옵소서" 하는 기도는 응답이 잘 안 되지만 "나를 변화시켜 주옵소서" 하는 기도는 빨리 응답됩니다. 자신이 영적으로 변화되면 상대방도 변화됩니다.

셋째로, 아가페 사랑을 추구해야 합니다. 성령의 열매인 사랑을 계속 추구함으로써 가정에서 사랑을 실현해야 합니다. 이것은 노력이라기보다 성령의 도우심을 구하는 것입니다. 그때 그때 성령의 도우심을 구해서 아가페 사랑을 계속 훈련하고 습관화할 때 조정이 쉽게 이뤄집니다.

넷째로, 서로에게 헌신해야 합니다. 신혼 때의 모습처럼 계속 자신을 포기하고, 상대를 위해 자신을 바쳐야 합니다. 결혼 초기에는 비교적 헌신적입니다. 그런데 시간이 갈수록 점점 이기적이고 자기중심적으로 되기 쉽습니다.

다섯째로, 원만한 대화를 계속해야 합니다. 결혼 생활의 조정에서 대화는 절대적으로 중요합니다. 삶의 기쁨, 슬픔, 고통을 솔직한 대화로 서로 나누며, 조정해야 할 부분을 조정하는 것입니다. 그런데 솔직하게 말한다고 해서 고함을 지르거나 화를 내며 말하면 의사소통이 안 됩니다. 아무리 옳은 말을 해도 말하는 방식이나 태도가 불쾌하면 상대방은 그 말을 받아들이지 않습니다. 의사소통할 때는 그 방법도 굉장히 중요합니다.

여섯째로, 존경과 신뢰의 태도를 유지해야 합니다. 이것은 너무도 중요합니다. 부부 사이에 존경과 신뢰를 잃어버리면 대화할 수 없습니다. 그렇기 때문에 서로 존경을 잃지 않으려고 애써야 합니다. 여기에는 부단한 하나님의 도우심이 필요합니다.

상대를 무시하기 시작하고, 비난하고, 상대의 가치를 떨어뜨리면 부부 관계는 더욱 어려워집니다. 사람은 자신의 가치가 떨어질 때 가장 못 견딥니다. 사람은 내적 가치와 외적 가치가 한껏 드러날 때 가장 뿌듯합니다. 그런데 많은 부부들이 핀잔과 면박을 주며 서로의 가치를 떨어뜨립니다. 서로의 가치를 높여 줄수록 결혼 생활이 점점 더 원만해집니다.

남편이 무조건 아내에게 반말하는 모습을 일상생활이나 TV 드라마에서 많이 접합니다. 부부 사이에 친해지면 친구처럼 반말할 수도 있습니다. 그러나 자칫 잘못하면 존경을 잃을 수 있습니다. 이 점 하나만 유의해도 결혼 생활이 한결 낫습니다. 배우자는 마음대로 할 수 있는 내 소유물이 아니고 사랑할 대상이라고 생각하며, 서로의 권리와 의견을 존중할 때 조정이 수월하게 이뤄집니다.

일곱째로, 유머 감각을 길러야 합니다. 긴장된 분위기에서는 우스갯소리를 해서 한바탕 웃고 나면 긴장이 풀립니다. 대인 관계에서 유머는 대단히 유익합니다. 목회 생활을 하면서 봐도 그렇습니다. 제직회, 당회 때 누군가 발언하면 긴장감이 돌 때가 있습니다. 그때 필요한 것이 유머입니다. 긴장이 고조된 순간에 한마디 유머로 전체가 웃어 버리면, 당장 웃통 벗고 싸우려고 하다가도 거기서 그치게 됩니다. 인생을 사는 데는 유머가 필요합니다.

유머 감각이 있는 사람은 어디에서나 도움이 됩니다. 사람들을 즐겁게 해 주고 긴장을 풀어 주며 화목하게 만들기 때문입니다. 유머 감각을 계발하기 위한 의식적인 훈련이 필요하다는 것을 알아야 합니다. 천성적으로 남을 잘 웃기는 사람도 있지만 대부분의 경우 훈련이 필요합니다. 유머에 대한 책을 통해 감각을 기르는 것이 좋습니다.

저도 미국에서 강의할 때 유머로 학생들을 한번 웃기고 나서 강의를 시작했습니다. 집에서는 유머집을 읽었습니다. 제가 그랬던 것은, 신학교에 다닐 때 유머 감각이 뛰어난 교수님의 모습이 보기 좋았기 때문입니다. 학생들은 그 시간만 기다렸습니다. 수업이 재미있기 때문입니다. 실컷 웃고 나면 긴장이 풀려서 마음이 열리고, 강의를 들을 준비가 됩니다. 그러나 긴장하면 이야기가 머리에 안 들어옵니다. 긴장감이 없고 편할 때 최선의 것이 발휘될 수 있습니다. 피아노 경연을 할 때도 긴장하면 벌써 제 실력을 발휘할 수 없습니다.

미국인들은 유머 감각이 좋습니다. 5~6명만 모이면 돌아가면서 농담을 한마디씩 합니다. 그래서 그들에게는 어디 가서 농담을 듣고 모으는 것도 하나의 일입니다.

웃음은 즐겁습니다. 웃음은 최고의 양약입니다.

남편은 아내에게 표현해야 합니다.
"당신이 나에게 얼마나 특별한 사람인지"를
말해 줘야 합니다.

남편에게 듣고 싶은 아내의 속마음

## "참 좋은 당신이
## 제 아내입니다."

이번 장에서는 아내들이 남편에게서 무엇을 기대하고 원하는지를 살펴보고자 합니다.


## 남편의 영적인 삶을 기대한다

⋮ 아내들은 가장의 영적인 안정성과 그 방향이 확실하기를 기대합니다. 제가 오랫동안 목회 생활을 하면서 관찰한 바에 따르면, 아내들은 남편이 자신처럼 예수 믿고 영적인 삶을 살아 주기를 바랍니다. 남편이 주일에 교회 한번 가 주는

것을 너무도 고마워하고 행복해 하는 아내들도 있습니다.

하나님을 알고 영적 세계를 아는 아내는 남편이 영적 세계를 모르고 방향감각 없이 흔들리는 모습을 볼 때 답답하고 불쌍하다는 생각을 합니다. 그렇기 때문에 남편이 영적으로 확실하게 헌신되어 앞으로 나아가고 있다는 것을 알 때, 아내는 안도감과 평안함을 경험합니다. 그러나 남편이 영적으로 방황할 때 아내는 물론 온 가정이 불안해 합니다.

아내는 가장이 영적으로 안정되어 있으며, 바른 방향으로 헌신되어 제대로 가고 있다는 것을 알고 싶어 합니다. 남편에게서 4가지의 중요한 영적 모습을 기대합니다.

## 주님을 열심히 찾는 마음

아내는 남편이 주님을 진심으로 사랑하고, 주님에게서 삶의 지시를 받으며 사는 것을 보고 싶어 합니다. 자기 멋대로 사는 것이 아니라 가정과 직장에서 하나님의 뜻을 구하며 살기를 바랍니다.

"이는 남편이 아내의 머리 됨이 그리스도께서 교회의 머리 됨과 같음이니 그가 바로 몸의 구주시니라"(엡 5:23).

이 말씀처럼 남편이 늘 예수 그리스도께 통제와 지시를 받고, 그분이 원하는 것을 구하며, 그분의 뜻을 이루려고 살아가는 모습을 볼 때 아내는 평안을 누립니다.

### 말씀대로 살려고 하는 소신

아내는 남편이 하나님의 말씀대로 살려고 하는지 알고 싶어 합니다. 남편이 자신과 가정을 위해 하나님의 말씀을 따라 살려고 할 때 아내는 남편에게 순종하게 되고, 자신도 하나님의 말씀에 비추어 살게 됩니다. 남편이 앞장서서 말씀대로 살려고 하면 남편의 머리이신 예수님이 가정을 인도하시므로, 아내도 남편의 말을 듣지 않을 수가 없습니다. 또한 아내가 '나도 남편처럼 말씀대로 살아야겠다'고 생각하기 때문에 온 가족이 말씀대로 살려고 하는 분위기가 됩니다.

### 소신대로 살겠다는 결단

성경적 원리대로 살려고 하는 지속적인 순종이 있어야 합니다. 어떨 때는 실수할 수도 있지만, 남편이 성경의 원리대로 살려고 지속적으로 노력하는 것은 아내에게 본이 되고 힘이 됩니다. 그럴 때 아내는 하나님과 남편에게 순종하게 됩니다.

### 모든 일을 사랑으로 하는 모습

성령 충만한 남편의 특징은 아내를 사랑하는 것입니다. 성령 충만한 아내의 특징은 남편에게 순종하는 것입니다. 성령 충만한 자녀의 특징은 부모를 공경하는 것입니다. 성령으로 인도받는 사람의 삶에는 성령의 열매가 있는데, 그 첫 번째 열매가 바로 사랑입니다. 아내는 남편이 사랑의 모습을 갖고 있거나 계발하기를 원합니다.

## 항상 남편에게
## 특별한 사람이기를 기대한다

아내는 남편의 마음에 내가 누구와도 비교할 수 없는 특별한 자리를 차지하고 있고, 남편의 삶에서 아무도 채워 줄 수 없는 필요를 내가 채우고 있다는 것을 알 때 안정감을 느낍니다. 남편의 인생에서 내가 이 세상의 누구와도, 심지어 시어머니와도 비교할 수 없는 특별한 위치를 차지하기를 바랍니다. 남편이 필요로 하는 것은 먹는 것이든, 입는 것이든, 안위든, 사랑이든, 무엇이든 간에 구석구석 채워 주는 유일한 존재가 나이기를 바랍니다. 그래서 남편은 아내에게 "당신은 세상에서 누구와도 비교할 수 없는 특별한 사람이에요. 당신이야말로 나의 모든 필요를 채워 주는 사람이에요"라고 말로 표현해야 합니다.

남편은 자신이 한 아내의 남편임을, 즉 한 여자의 남자임을 확실히 알아야 합니다(딤전 3:2, 12; 딛 1:6). 남편이 이 여자, 저 여자에게 곁눈질하면 아내는 불안합니다. 아내는 내 남편은 그저 나밖에 모른다는 확신을 갖고 싶어 합니다. 아내에게 그러한 안정감과 확신을 심어 주기 위해 남편은 다음과 같은 점을 명심해야 합니다.

첫째로, 아내만을 사랑해야 합니다. 남편이 나만을 사랑한다는 사실을 알 때 아내는 안정감을 갖습니다. 그러나 이 점에서 흔들리면 아내의 삶은 다 무너집니다.

둘째로, 자기 남편의 무관심 때문에 의식적으로나 무의식적으로나 의지하려고 다가오는 여자가 있다면 조심해야 합니다. 남편의 관심을 받지 못하는 여자가 공연히 접근하면서 기대고 위로받고 속마음을 털어놓기를 원할 때, 남자는 그것을 들어 주고 받아 줘서는 안 됩니다. 그런 접근을 받아 줄 때 불미스러운 일들이 일어납니다.

저는 그런 경우를 교회 안에서도 여러 번 봤습니다. 어느 여집사가 남자 집사에게 자신의 괴로움을 다 털어놓았다고 합시다. 처음에는 불쌍해서 남자 집사가 그 말을 다 들어 줍니다. 처음에는 사랑도, 욕망도 아니고 동정심으로 들어 주는 것입니다. 그런데 한 번 들어 주고 두 번 들어 주고 세 번 들어 주고 네 번 들어 주다 보면 결국 문제가 생깁니다. 목회자들도 그런 일이 생기지 않게 조심해야 합니다. 목회자의 일이 고통 당하는 사람들의 짐을 져 주는 것이긴 하지만, 자칫 잘못하면 문제가 생깁니다.

셋째로, 아내를 세상에서 가장 가까운 친구로 삼아야 합니다. 이 세상에서 아내보다 더 가까운 친구는 없습니다. 그런데 어떤 사람은 밖에 나가서는 별의별 이야기를 다 하면서도 아내에게는 말을 안 합니다. 그러나 아내에게 무슨 말이든 다 해야 합니다. 비밀이 있거나 말을 안 한 것이 있으면 위험합니다. 아내가 "나야말로 이 남자의 둘도 없는 친구"라는 느낌을 가질 수 있게 하는 것이 남편의 책임입니다.

결혼 생활에서는 부부간에 강한 동료 의식이 있어야 합니다. 사랑과 삶의 비밀을 아내와만 나눠야 합니다. 그래서 아내가 "나는 남편의 삶에서 절대적인 존재이며, 남편에게 꼭 필요한 사람"이라고 인식하도록 해야 합니다. 자신만큼 남편에게 특별한 역할을 하는 사람이 없다는 것을 아내가 알아야 합니다.

넷째로, "당신이 필요해", "나는 당신이 좋아", "당신에게 고맙게 생각하고 있어" 하는 말들을 아내에게 자주 해 줘야 합니다. 아내는 자신이 남편의 필요를 채워 주고 있다는 것, 즉 남편에게 정서적 만족과 육체적 사랑을 주고 있다는 것을 알아야 합니다. 이 외에도 아내는 남편의 부족한 점들을 채워 줍니다.

아이들의 필요는 아내가 더 잘 이해합니다. 그러므로 자녀들에 관한 한 남편은 아내의 말을 조심성 있게 경청해야 합니다.

또 남편이 잘못된 방향으로 갈 때는 아내가 그 사실을 본능적으로 알아차립니다. 그렇기 때문에 아내가 지적하는 것을 정신 차리고 주의 깊게 들어야 합니다. 아내는 남편과 오랜 시간 함께 살았기 때문에 남편이 무언가 잘못하면 본능적으로 그것을 눈치챕니다. 이 세상에 아내만큼 남편을 잘 아는 사람은 없습니다. 어떤 때는 남편 자신보다도 더 잘 압니다.

두려움, 불안, 염려 등 남편의 문제는 무엇이든지 아내가 가장 잘 압니다. 그러므로 어떤 문제든지 아내와 함께 이야기해야 합니다. 아내와의 대화는 너무도 중요합니다. 남편은 아내의 충고와 위로를 소중하게 여겨야 합니다. 사실 이것은 남자로서 힘든 일이기도 합니다. 여자 말을 따르면 남자의 위신이 안 서는 것 같아서 아내의 말을 듣지 않습니다. 바른말을 할 때는 더 듣고 싶지 않습니다. 아내의 옳은 말에 대해 자존심을 세울 때가 있습니다. 그러나 남자들이 자존심 때문에 반발하고 당시에는 거부하는 것 같아도 결국엔 아내의 말을 받아들입니다.

남편은 아내와 늘 함께 기도해야 합니다. 그리고 자주 아내를 칭찬해 주고, 특히 아내의 도움에 감사를 표시해야 합니다.


## 나를 소중하게 여기기를 기대한다

⋮                        아내는 남편이 나를 귀하게 여기고 좋아하고 있다는 것을 알 수 있어야 하고, 또 그런 말을 들어야 합니다. '귀

하게 여긴다'는 말은 '가치 있게 생각한다', '사랑으로 돌본다'는 말입니다. 남편은 아내에게 "당신은 정말 나에게 중요한 사람이야. 당신이야말로 내게 필요해"라고 하면서 아내를 소중히 여기고 사랑으로 돌본다는 것을 느끼게 해야 합니다.

아내는 남편이 나를 모든 면에서 보호하려고 하는 것을 느낄 수 있어야 합니다. 남편이 믿음직하고, 무슨 일이 있어도 나를 보호하려고 애쓴다는 것을 느낄 수 있어야 합니다.

남편은 아내의 성격이나 배경, 능력, 취미 등 좋은 점에 대해 자주 칭찬해야 합니다. 아내와 처음 만났을 때부터 좋게 생각했던 점들이 아직도 있을 것입니다. 물론 결혼 생활을 하며 몇 년 같이 살다 보면 처음의 사랑이 식고 다투기도 하지만, 가만히 생각해 보면 내가 이 여자하고 결혼하겠다고 한 그 이유가 있습니다. 이 여자를 만났을 때 다른 남자들은 모르겠지만 내가 볼 때는 좋은 면이 있었기 때문에 결혼한 것입니다. 한 남자가 한 여자를 선택할 때는 분명히 자신의 마음을 끄는 무언가가 작용합니다. 저도 제 아내를 좋아했던 이유가 분명히 있습니다. 그것은 없어지지 않습니다. 그러므로 가끔은 처음 만났을 때를 서로 이야기함으로써 옛날의 그 불길을 다시 한번 일으킬 필요가 있습니다.

그리고 아내와 대화하되 절대로 비웃거나 무시하는 말을 해서는 안 됩니다. 인간은 무시당하면 도저히 견디지 못합니다.

자신의 가치가 떨어지면 삶의 의욕을 잃습니다. 말 한마디로 사람을 우습게 보거나 무시하거나 모욕감을 느끼게 하여 가치를 떨어뜨릴 수 있습니다. 상대방은 하나님이 너무도 사랑하셔서 독생자를 죽여서까지 구원하실 만큼 귀중한 존재입니다. 예수 믿는 사람은 언제나 사람을 소중하게 여겨야 합니다. 사람보다 귀한 것은 없습니다. 사람은 그 가치를 인정해 줄수록 더욱 가치를 발합니다. 그런데 가정에서 가끔 이 점이 소홀히 여겨질 때가 있습니다.

아내의 가치는 남편의 관심과 격려에 달려 있습니다. 남편에게서 가치를 인정받지 못하는 아내는 상당히 낙심합니다. 물론 "하나님이 나의 가치를 인정하신다"는 신앙적인 가치관을 가지고 낙심을 극복할 수도 있습니다. 그러나 남편이 자신을 중요하게 여긴다는 것을 알 필요가 있습니다. 이 두 가지가 병행하는 것이 바람직합니다. 누가복음 2장 52절을 보면, 예수님이 하나님과 사람 앞에서 총애를 입으셨듯이 말입니다.

사랑은 그 대상에게 가치를 부여하는 것입니다. "당신은 귀하고 아름다워요. 당신은 훌륭해요" 하며 아내에게 계속 가치를 부여하는 것이 사랑입니다. 만일 성도 가운데 남편의 사랑을 받지 못하는 사람이 있으면, 성도들 간에 사랑을 베풀어서 그 사람의 중요함과 가치를 확인시켜 주고 서로 보완하는 것이 진실한 그리스도인의 삶입니다.

또한 남편은 아내를 부드럽게 대하는 훈련을 해야 합니다. '여자'라는 단어의 본래 뜻은 '부드럽다'이며, '남자'의 본래 뜻은 '강하다'입니다. 부드러움은 여자의 특징입니다. 부드러운 것을 거칠게 다뤄서는 안 됩니다. 성경은 아내를 '연약한 그릇'(벧전 3:7)이라고 말합니다. 아내를 부드럽고 조심스럽고 사려 깊게 대해야 합니다. 험한 말이나 행동은 아내에게 큰 상처를 줍니다. 여자는 육체적으로, 정신적으로 부드럽기 때문에 거친 말이나 행동으로 대할 때 금방 상처 입을 가능성이 크다는 것을 명심해야 합니다.

## 나의 약함을
## 이해하기를 기대한다

아내는 남편이 나의 부족하고 약한 부분과 한계성을 잘 이해하고, 그 부분에서 보호해 주려고 노력한다는 것을 알 필요가 있습니다. 남편은 아내를 이해하며 돌봐 줘야 합니다. 베드로전서 3장 7절에서 "남편들아 이와 같이 지식을 따라 너희 아내와 동거하고 그를 더 연약한 그릇이요 또 생명의 은혜를 함께 이어받을 자로 알아 귀히 여기라"고 했습니다. 여기서 '지식을 따라'는 아내를 정확하게 알아야 한다는 뜻입니다. 아내의 장단점, 강함과 약함을 잘 알아서 부족한 부분을 보완해 줘야 합니다. 그리고 아내를 귀하게 다뤄야 합니다.

남편은 아내의 육체적, 정신적, 감정적인 면에서의 장점과 단점을 정확하게 알아야 합니다. 아내를 철저히 알아야 합니다. 그리고 지혜와 용기를 가지고, 사랑스럽고도 확실하게 방향을 제시해서 아내가 자신의 한계성을 넘어서지 않도록 돌봐야 합니다. 또 아내를 잘 알아서 언제 견제해야 하고, 언제 자유롭게 둬야 하는지를 파악해야 합니다.

남편이 아내를 사랑과 깊은 배려로 보호해야 할 부분으로는 다음과 같은 것들이 있습니다.

### 충분히 자지 못할 때

남자든 여자든 잠을 못 자면 짜증이 납니다. 충분히 자지 못하면 몸이 불편하고, 모든 것이 짜증 나고 속상합니다. 남편은 아내가 숙면할 수 있도록 도와주어야 합니다.

### 시작한 일을 끝내지 못해 허둥댈 때

남편은 팔소매를 걷어붙이고 도움을 줄 수 있는 선에서 함께 도와야 합니다.

### 해산이나 병에서 회복되기를 기다릴 때

아내에게 무리한 요구를 하지 말고 곁에서 정성을 다해 아내를 돌봐줘야 합니다.

### 힘들거나 바쁘게 일할 때

아내가 바쁜 중에 최선의 노력을 다하고 있는데, 남편이 빨리 안 한다고 투정할 때 문제가 생깁니다.

### 부적합한 옷을 입었을 때

남편이 지혜롭게 조언을 잘해 줘야 합니다. 사실 아내에게는 남편이 좋아하는 옷이 최고입니다. 아무리 잘 입어도 남편이 싫다고 하면 무슨 소용이 있습니까?

### 부정적인 면을 자주 보일 때

꼬치꼬치 지적하지 말고, 따뜻한 자세로 권면해야 합니다.

### 나쁜 식사 습관이 있을 때

음식을 먹을 때 나쁜 습관이 있다면 지적해야 합니다. 아내가 다른 사람들과 식사할 때 교양 없게 먹으면 어떻게 합니까? 아내는 그 남편이 어떤 사람인가를 나타냅니다.

남편은 아내의 체중 문제에 대해서도 세심한 배려를 해야 합니다. 만일 아내의 체중이 과다하다면 무슨 속상한 일이 있든지, 뭔가 문제가 생겼을 수도 있습니다. 물론 어떤 사람은 체질상 체중이 과다하지만, 불편한 대인 관계 때문에 살이 찔 수도 있습니다. 이런 조짐이 보이면 남편은 문제를 해결하도록 아내를 도와야 합니다.

## 공포심이 있을 때

아내가 어릴 때나 처녀 때의 좋지 않은 경험 때문에 생긴 공포심이 있다면, 이를 해결할 수 있도록 도와야 합니다.

## 자신을 비판할 때

아내가 "나는 제대로 하는 게 없어", "나는 왜 이런지 몰라", "나는 왜 이 모양이지" 하면서 자신을 지속적으로 비판할 때 남편은 아내를 격려해야 합니다. 자신을 심하게 비판하다 보면 자신이 무가치하다고 여기게 되는데, 이런 태도는 집안에 문제를 일으키는 불씨가 됩니다.

## 세밀한 일 때문에 불안을 느낄 때

남편은 아내를 안심시켜 주고 그 필요를 채워 줘야 합니다.

## 지각하는 습관이 있을 때

늘 뭐든 늦게 하거나 지각하는 습관이 있는 사람은, 자신을 싫어합니다. 아무렇지 않은 척하지만, 늘 그 마음에 죄의식이 있습니다. 그러다 보면 자신의 가치를 느끼지 못합니다. 떳떳하지 못해서 매사에 제대로 자기 역할을 할 수 없습니다. 그래서 남편은 지각하는 습관이 있는 아내가 지각하지 않도록 도와야 합니다.

## 아내가 부끄러워할 때
아내가 자신감을 갖도록 여건을 조성해 줘야 합니다.

## 말이 많거나 함부로 말할 때
아내가 말이 너무 많으면 남편이 난처해집니다. 어떤 남편은 이를 눈치채고 아내의 말을 받아서 마무리하기도 합니다. 지혜로운 남편입니다. 반면에 어떤 남편은 아내가 함부로 말할 때 "왜 말이 많아"라고 윽박질러서 수치감을 느끼게 합니다. "이제 우리 다른 분의 얘기를 들어 보자"라며 지혜롭게 주의를 주는 것이 좋습니다.

## 돈을 지혜롭게 못 쓸 때
결혼생활에서 경제적인 부분은 매우 중요합니다. 결혼전의 소비 습관을 그대로 유지하면 안 됩니다. 아내가 소비를 지혜롭게 못한다고 해서 나무라거나 질책하기 보다는 함께 예산을 계획하고 규모있는 소비 생활을 하도록 도와 줘야 합니다.

## 사돈과 문제가 있을 때
사돈과의 문제는 조심스럽고 지혜롭게 다뤄야 합니다. 사돈의 가족을 비난하면 꼭 문제가 생깁니다. 비록 자신의 부모나 형제가 잘못했어도 남편이 내 가족을 심하게 비판하면 반발심을 갖게 됩니다. 이런 문제가 생겼을 때 남편과 아내는 서로 배려하고 도와줘야 합니다.


## 나만을 위해
## 시간을 내주기를 기대한다

아내는 남편이 나만을 위해 시간을 내서, 즐거운 시간을 함께 보내기를 기대합니다. 아내의 이런 바람을 채워 주려면 다음과 같이 해야 합니다.

### 아내와 대화하라

먼저 아내와 대화하기를 좋아해야 합니다. 아내는 남편에게 하고 싶은 말이 많습니다. 남편이 대화를 빨리 끝내고 다른 일을 하지 않고 이런저런 얘기도 기꺼이 들어 준다고 생각하면, 아내는 남편에게 많은 이야기를 합니다. 그러나 남편이 아내의 이야기를 귀찮아하고 시간이 없다면서 분주해 하면, 말 안 하고 그냥 넘어가는 일이 많아집니다. 그러다 보면 부부간에 의사소통이 끊깁니다.

아내가 마음속 깊이 느끼고 있는 비밀스러운 것까지 이야기하기를 원하면, 아내와 대화할 시간을 자주 내야 합니다. 또 아내에게도 나의 내밀한 얘기와 희망을 다 들려줄 수 있어야 합니다. 아내는 남이 아닙니다. 남편과 아내는 다른 데 가서는 못할 속 얘기도 서로 할 수 있어야 합니다.

### 함께 보낼 시간을 계획하라

또한 아내와 시간을 함께 보내기를 좋아한다는 증거로 미리 그런 시간을 계획해 놓아야 합니다. 부부가 단둘이서만 함께 시간을 보내는 것이 중요합니다. 아내가 둘만의 시간을 늘 기대감으로 기다리도록 미리 어떤 활동을 계획하는 것이 좋습니다. 그렇게 하면 아내에게는 기다리는 것 자체가 즐거움이 됩니다.

### 깜짝 이벤트를 하라

가끔 예상 밖의 일로 아내를 놀라게 해 줘야 합니다. 많은 아내들이 때로는 고독감, 소외감, 무료함 때문에 고통 당하고 있습니다. 가정 살림의 무거운 짐에서 가끔 해방시켜 주는 계획을 세우는 것이 필요합니다.

### 아내가 좋아하는 일을 하라

남편은 아내가 좋아하는 일을 해 줘야 합니다. 남편은 주로 자신이 좋아하는 일에 몰두합니다. 그러나 아내가 좋아하는 일도 즐겁게 하는 것을 배워야 합니다. 아내가 무척 가고 싶어 하는 행사에 같이 가거나 아내가 좋아하는 식당이나 친척 집, 친구 집에 데려다 주십시오. 아내를 즐겁게 해 주기 위해 쓴 돈은 절대로 낭비가 아닙니다. 반대로 최상의 투자입니다. 이 투자를 잘해 놓으면 부부 생활이 재미있습니다.

## 특별한 날을 기억하라

아내와 관련된 특별한 날을 꼭 기억해야 합니다. 아내가 갖고 싶어 하는 것이나 하고 싶어 하는 것을 기억해 뒀다가 결혼기념일, 생일, 추석, 감사절, 크리스마스 같은 때를 이용해 특별한 관심을 보여 주십시오. 처음 사귈 때나 약혼 때나 신혼 때처럼 아내를 대해야 합니다. 물론 바쁘다 보면 결혼기념일을 잊을 때가 많은 것이 우리네 삶입니다.

## 아내의 깊은 걱정을 듣고, 기도하라

깊은 대화를 통해 아내가 갖고 있는 내밀한 불안이나 걱정을 없애 줘야 합니다. 남편의 사망 시에 느낄 불안감이라든가 노쇠 현상, 매력의 상실, 건강 부족, 아내와 어머니로서의 실패감, 남편의 실직 가능성, 정신적 질병, 열등감, 교육의 부족, 혼자 있을 때의 안전 문제, 자녀들의 장래 문제 등에 대해 아내는 가슴 깊이 불안해하고 근심합니다. 남편은 이런 문제들에 대한 이야기를 들어 주고, 하나님이 모든 불안과 염려를 제거해 주시고 도와주시기를 기도해야 합니다.

"온전한 사랑이 두려움을 내쫓나니"(요일 4:18).

# 남편의
# 배려를 기대한다

⋮　　　　　　아내는 남편이 다른 일로 바쁠 때도 내 생각을 하고 있기를 기대합니다. 바쁘더라도 아내에게는 좋은 태도로 대해 줘야 합니다. 아내가 있는 것을 의식하고, 남편의 사랑과 보호의 손길이 늘 아내를 향해 있음을 확인시켜야 합니다. 결혼 전에 이런 모습 때문에 아내가 결혼에 동의했던 것 아닙니까? 아내는 지금도 자신이 남편의 관심사라는 것을 알아야 합니다.

또 남편은 아내에 대한 좋은 태도를 계발해야 합니다. 예를 들어 아내가 코트를 입을 때 도와주거나 차를 타고 내릴 때 도와주거나 무거운 물건을 들어 줄 수 있습니다. 식당에서 아내가 원하는 음식을 주문해 주면서 아내를 존중할 수도 있습니다.

남편은 아내의 거울입니다. 남편이 교양 없이 굴면 아내가 창피합니다.

남자는 아내의 명예를 지켜 줘야 합니다. 사람을 만날 때 아내를 소개해야 합니다. 아내를 무시하고, 상대방이 그냥 짐작으로 '아마 저 사람 아내인가 보다'라고 생각하도록 내버려 두면 안 됩니다. "제 아내입니다" 하고 자랑스럽게 소개할 수 있어야 합니다.

자신의 계획을 미리 알려 주고, 집에서 자기 옷은 자기가 치우는 것도 친절한 행동입니다. 시간을 지키고, 험한 말이나 비난을 삼가고, 자신의 몸을 늘 정결하게 하고, 잘 가꿔야 합니다. 남편은 아내의 거울이고, 아내는 남편의 거울이기 때문에 한쪽이 잘못하면 다른 한쪽에 악영향을 미칩니다.

좋은 태도를 습관이 될 만큼 지속적으로 계발해야 합니다. 필요하면 예의에 대한 책도 읽고, 좋은 태도는 자녀들에게 가르쳐야 합니다. 이것은 남편의 책임입니다. 아내는 남편이 가르쳐 준 것을 자녀들에게 훈련시킵니다.


# 나의 외부 활동을
# 지지해 주기를 기대한다

아내는 가정 밖에서 자신의 관심 세계를 갖기를 기대합니다. 아내가 외부 활동을 할 수 있게 격려하는 것도 남편의 몫입니다. 아내가 건전한 활동을 하고, 좋은 친구 관계를 맺으며, 경건한 여자 성도들 간에 우정을 계발하고, 다른 가정들과 친분을 가질 수 있도록 격려해야 합니다. 또 수공예, 요리 등을 배우게 하고, 가정 밖에서 다른 사람들에게 칭찬 들을 만한 일을 하게 해야 합니다.

그 외에도 친정 식구들과 가깝게 지낼 수 있도록 도와야 합니다. 시댁 식구들이 아무리 좋더라도 자기 형제, 자기 부모와는 또 다릅니다. 그렇기 때문에 친정 식구들과 만날 수 있도록 기회를 자주 줘야 합니다. 훌륭한 신앙의 여인들과도 가까워질 수 있게 해야 합니다.

또한 아내의 가능성을 발견하여 노력해서 계발하도록 북돋워야 합니다. 뜨개질, 바느질, 악기, 미술, 독서 등 즐길 수 있는 기술을 배우도록 격려해야 합니다. 인간 이해, 상담, 주일학교 교사, 기도 모임, 전도, 성가대 등의 활동을 할 수 있도록 격려해야 합니다. 그리하여 세월이 흐를수록, 머리가 희끗희끗해지고 주름살이 생겨도, 속사람은 날로 멋있어지고 새로워지게 해야 합니다. 그럴 때 아내는 자기 안에서 만족을 느낍니다. 자신의 성숙함 때문에 어디에 가서든지 칭찬받습니다. 유익하고 보람 있는 삶을 살게 됩니다.

남편을 인정하는 것이 중요합니다.
가장으로서, 남자로서의 역할을 인정해 줘야 합니다.
권위를 세워 줘야 합니다.

아내에게 듣고 싶은 남편의 속마음

# "가장 멋진 당신이
# 제 남편입니다."

# 남자로 인정해 주기를
# 기대한다

：　　　　　　　남편을 남자로 인정해 주는 것이 중요합니다. "남자답지 않다"고 자주 말하면, 남편은 자신이 가치가 없다고 생각하고 맥을 못 춥니다. 아내는 남편을 남자로 세워 줘야 합니다. 아들에 대해서도 마찬가지입니다.

　　다음과 같이 하면 아내는 남편의 가장 됨과 남성 됨을 파괴하게 됩니다.

## 아내가 경제적으로 독립할 때

"내 돈은 내 돈이고, 당신 돈은 당신 돈이에요. 내가 사고 싶은 것 내 마음대로 사는데 무슨 말이 많아요?" 하는 식으로 나오면 남편은 불안해합니다.

## 남편 외의 다른 남자들 말을 더 잘 들을 때

"아무개 아빠는 그렇게 재미있는데 당신은 왜 재미없는지 모르겠어요." 이렇게 말하면 안 됩니다. "당신 얘기가 재미있다"고 해 줘야 남편은 신나서 아내에게 또 이야기하고, 유머 감각도 계발합니다.

## 마음속으로 남편의 결정권을 거부할 때

아내가 겉으로는 순종하지만 속으로는 남편의 결정권을 거부할 때 남편은 그 사실을 알아차립니다.

## 남편의 육체적 애정을 거부할 때

부부는 육체적 교감을 통해 서로를 더욱 사랑하고 존경합니다. 결혼 생활이 길어질수록 이 부분이 소홀해질 수 있는데, 남자들의 경우 아내가 자신을 거절한다고 느낄 때 큰 상실감을 갖게 됩니다. 이는 부부 관계에 큰 위기를 만듭니다.

### 아내가 자기 멋대로 행동할 때

남편은 아내가 자기 손에서 떠났다고 느낍니다. 아내가 자신을 남자로서 인정해 주고 가치를 세워 주지 않으면, 남자는 자신을 인정해 줄 다른 여자를 찾습니다. 제가 아는 사람들 가운데도 그런 경우가 있습니다. 남편은 얌전하고 아내는 활발해서 집안일을 아내 마음대로 했습니다. 남편은 꼭두각시였습니다. 그러다가 남편은 자신의 이야기를 잘 들어 주고 칭찬해 주는 여자를 만났고, 결국 그 두 사람 사이에 불미스러운 일이 생겼습니다. 이 세상에서 남편의 이야기를 들어 줄 사람은 아내여야지, 다른 여자여서는 안 됩니다.


# 남편으로서
# 믿어 주기를 기대한다

⋮                하나님이 부여하신 남편의 역할을 아내가 인정하고 믿어 줘야 합니다. 가장에게는 다음과 같은 것들이 필요합니다.


### 가장의 역할에 대한 확신

먼저 가장의 역할은 하나님이 주신 책임이라는 확신이 있어야 합니다. 자신보다 능력이 부족해도 남편을 가장과 집안의 책임자로 인정해 주는 아내가 지혜롭습니다.

### 가장으로서의 책임감
가장에게는 자신을 통해 하나님이 역사하고 계신다는 확신이 있어야 합니다. 나에게는 가정을 돌볼 책임이 있고, 하나님이 나를 통해 이 가정을 인도하고 계신다는 것을 알 때 남자는 더 큰 책임감을 갖습니다.

### 아내의 충성심
아내는 남편이 실수하거나 문제가 생길 때 충성을 보여야 합니다. 남편이 실수했을 때 책임을 전가하거나 나무라지 말고, 다시 시작하도록 북돋워야 합니다.

### 아내의 칭찬
아내는 남편에게서 영적 지도자의 모습이 조금이라도 보이면 칭찬해야 합니다. 크게 격려해 줘야 합니다. 자녀에게 "아빠가 기도하자고 하니까 같이 기도하자"라고 하거나 남편에게 "여보, 당신이 교회 가자고 하니까 얼마나 좋은지 모르겠어요"라고 직접 말해 주면 남편은 영적으로 더 발전하고 싶어 합니다.

### 아내의 격려

아내는 하나님이 주신 목표를 포기하지 말고 계속 추구하라고 남편을 격려해야 합니다. 남편이 좌절할 때는 "우리가 의논해서 당신이 이렇게 결정한 것 아니에요? 그러니까 계속 전진합시다"라고 격려해 줘야 합니다. 또 시련이 다가올 때는 함께 인내해야 합니다.

### 남편의 일에 대한 아내의 열정

남편이 무엇을 성취하든 아내가 열정을 보여 주는 것이 중요합니다. 남편은 중요하게 생각하는 것을 아내가 시시하게 보는 경우가 간혹 있습니다. 남편은 자신에게 중요한 것을 아내도 중요하게 여겨 주고 열정을 보이면 힘을 얻습니다.

### 남편의 말에 경청

아내는 남편이 말할 때 주의 깊게 들어 줘야 합니다.

# 아내의 아름다움을 기대한다

결혼해서 한 집안 식구가 되었다고 그때부터 내적, 외적 계발을 소홀히 하는 아내들이 있습니다. 육체적으로, 정신적으로, 영적으로 계속 아름답게 가꾸려는 노력을 안 보이는 것입니다. 그럴 때 남편은 밖에서 다른 멋진 여자에게 관심을 갖게 됩니다. 그렇기 때문에 아내는 자신을 계속 계발해야 합니다. 남편이 다른 사람에게 보여 주고 싶어 하는 아내가 되어야 합니다. 누구에게나 보여 주고 싶고 데리고 다니고 싶은 자랑스러운 아내가 되어야 합니다. 그러기 위해서는 다음과 같은 사항을 기억해야 합니다.

## 온유하고 조용한 성품
아름다운 아내의 모습(벧전 3:1~7)은 남편의 기쁨입니다.

## 단정한 머리
아내의 잘 정리된 머리는 남편의 권위에 대한 상징입니다(고전 11:10, 15).

## 잘 손질한 옷
아내의 잘 손질한 옷은 남편의 취미와 수준과 돌봄의 상징입니다. 만일 아내가 옷을 제대로 입을 줄 모르면 "남편이 교양 없는 남자구나", "남편이 옷 살 돈도 안 주는구나"라는 비난을 듣습니다.

　잘 손질한 옷은 남편에 대한 아내의 고마움을 상징합니다.

남편이 번 돈으로 산 옷을 아무렇게나 입는다면 남편의 돈의 가치를 인정하지 않는 것이 되기 때문입니다.

## 우아한 가정

우아한 가정은 남편의 지혜와 능력과 보호의 상징입니다. 깨끗하고 아담하고 우아하게 정돈되어 있는 집을 보면 사람들은 이렇게 느낍니다. "이 집은 남편이 잘 이끌어 가는구나. 남편이 능력 있구나. 아내를 잘 보호해 주는구나."

## 체중 관리

체중을 잘 관리하는 것은, 남편의 지도력과 자제력을 상징합니다. 물론 체질상 비만일 수도 있습니다. 그러나 최대한 노력할 수는 있습니다.

## 품위 있는 몸가짐

품위 있는 몸가짐은 남편의 훈련을 상징합니다. 아내의 몸가짐이 품위가 없으면 "남편이 저 여자를 가만히 둬서 저렇게 멋대로구나" 하는 비난을 듣습니다.

## 아내의 사랑과 지혜를
## 기대한다

: 　　　　　　　남편은 아내가 사랑으로 권고하고, 지혜롭게 대변해 주기를 기대합니다. 남편이 실수로 자신의 한계성을 넘어갈 때 아내는 사랑으로 권고해야 합니다. 남편의 생각이나 목표, 동기를 의심하는 사람들 앞에서 남편을 지혜롭게 대변할 줄 알아야 합니다. 다른 사람과 맞장구치면서 남편을 흉보는 아내의 모습은 참으로 추합니다.

아내는 진실한 사랑(고전 13:1~9), 충성(룻 1:16~17), 섬기는 자의 마음(빌 2:1~8)을 보여 줘야 합니다. 남편의 가치를 떨어뜨리는 태도는 절대로 보이지 말아야 합니다.


## 혼자만의 시간을
## 기대한다

: 　　　　　　　아내의 경우와 마찬가지로 남편에게도 하나님과 조용히 보내는 혼자만의 시간이 필요합니다.

# 고마워하는 마음을
# 기대한다

┊                  남편은 자신이 아내를 위해 그동안 해 준 것과
현재 해 주는 것에 대해 아내가 고마워하기를 기대합니다. 물론
아내는 자신의 모든 기대를 하나님께 걸어야 합니다(시 62:5). 그
러면서도 남편이 그동안 아내를 위해 한 일들과 다행히도 하지
않은 일들에 모두 감사해야 합니다. 남편은 경건하면서도 자신의
삶에 만족하는 아내를 원합니다. 아내는 남편이 자신의 여건에
서 최대의 노력을 한 결과에 대해 고맙게 생각해야 합니다. 열심
히 일하고 집에 들어왔는데 아내가 사소한 일로 바가지를 긁으면
남편은 짜증이 납니다. 또한 남편은 아내가 훌륭한 인격과 착한
일 때문에 다른 사람들에게 칭찬을 듣기를 원합니다(잠 31:28~31).